上海视觉艺术学院播音与主持艺术专业教材

上海市教委高层次文化艺术人才工作室"方舟白宾播音主持工作室"项目成果

叩开梦想之门

——中国播音主持人文修养论纲

主　编　栾洪金　卢　智
副主编　方　舟　白　宾

上海三联书店

播音与主持艺术专业"十四五"规划教材
编委会

序

　　这本《叩开梦想之门——中国播音主持人文修养论纲》是上海视觉艺术学院播音与主持艺术专业自主编纂的专业课教材。教材的基础是我校播音与主持艺术专业兼职教授、上海广播电视台播音指导卢智老师讲授的课程《媒体人素养》的讲义。卢智老师从事播音主持工作几十年,之后又在上海广播电视台负责全集团播音主持管理工作,深感播音员主持人人文素养培养的重要性。退休后,他潜心思考播音主持专业的人才培养,从新闻学、政治学、心理学、美学等各方面,阐述播音员主持人人文素养培养的必要与方法,洋洋洒洒几十万字的讲稿,描绘了播音员主持人人文素养培植的框架和蓝图。

　　播音员主持人是媒体的代言人,又是有着个体独立意志的人。从自然人格向媒体人格的转化,不仅需要专业素养,还必须依赖于播音员主持人自身的文化修养,它包括了播音员主持人的政治素养、新闻素养、心理素养、艺术人文素养等等。这是广播电视应有的媒体属性,也是播音员主持人应该具备的人格素养。因此,作为播音主持专业教学的人才培养体系,如何提升学生的思想品质、人格修养,提升蕴含良心、爱心和责任心的媒体人文化人格就变得非常重要。

　　基于这样的认识,我校播音与主持艺术专业全体教师在学校表演艺术学院的统筹领导下,组织了全体播音主持专业老中青教师:卢智、范蓉、晨光、方舟、白宾、栾洪金、沈萌萌、赵琼、顾熠男、郑雅心、薛金辉以及学院"方舟白宾播音主持工作室"的成员,组成《叩开梦想之门——中国播音主持人文修养论纲》教材编写组,对课程《媒体人素养》的部分内容重新梳理、编写。

经过近两年的反复修改、讨论,终于完成了教材的修撰、编写工作,可以说这本教材也集中了我校播音与主持艺术专业全体教师的集体智慧。

《叩开梦想之门——中国播音主持人文修养论纲》这一课,主要解决的就是怎样做人的问题。"先做人再做事"是中国文化艺术界的一个老生常谈的话题,也是我国老一辈播音员主持人对播音与主持艺术至高境界的总结。对于播音主持专业的学生,也是扣好人生第一粒纽扣的重要一课。

从播音主持专业理论建设角度来说,这也是播音与主持艺术专业教育的拾遗补缺,是中国播音主持学教育体系的拓展、教学内容的延伸。

作为一种学科理论探索,我们的教材内容一定还存在许多不足之处,有待完善、有待修正,期待学界、业界专家同仁和读者不吝珠玉、批评指正。

编　者
2024 年 6 月

目　录

第三编

播音与主持风格与个性修养

第一编

播音与主持人文理念

第一讲

播音与主持人文修养

第一节　播音主持与立德做人

世界的变化太快了,中国广播电视的发展,也必然在世界格局的变化中快速发展变化。

2020年6月30日下午,习近平总书记主持召开了中央全面深化改革委员会第十四次会议并发表了重要讲话。这次会议审议通过了《关于加快推进媒体深度融合发展的指导意见》等文件。会议强调,推动媒体融合向纵深发展:要深化体制机制改革,加大全媒体人才培养力度,打造一批具有强大影响力和竞争力的新型主流媒体,加快构建网上网下一体、内宣外宣联动的主流舆论格局,建立以内容建设为根本、先进技术为支撑、创新管理为保障的全媒体传播体系,牢牢占据舆论引导、思想引领、文化传承、服务人民的传播制高点。

学习播音与主持艺术专业的同学应该意识到,这是当前媒体发展的最新变化和要求。

《媒体人素养》这一课程,主要解决的是怎样立德做人的问题。"先做人再做事"是中国文化艺术界的一个老生常谈的话题,也是我国老一辈播音员主持人对播音与主持艺术至高境界的总结。

《叩开梦想之门——中国播音主持人文修养论纲》作为《媒体人素养》课程的教材和教学参考书,所传授的知识和道理并不要求同学们马上就能够明白和理解,但要求同学们必须认真地思考。

在一些人看来,似乎只要学好了播音主持技巧,就有生存的机遇,就有竞争的优势,就有发展的前景,就能立于不败之地。在他们的心目中,生存和竞争比做一个有教养、有道德、有纪律的播音员主持人更为重要。但是事实上,无论在哪一个领域,一个人要想成为这个领域的人才,一般都需要具备包括思想素质、文化素质、职业素质、身心素质所构成的综合素质。结合播音员主持人的职业特点,又由以下四个方面的具体要素构成:包括政治素质、职业精神、职业道德、人格素质、人文素养的思想素质;包括教育背景、知识结构、生活阅历、学习能力的文化素质;包括思维素质、语言素质、传播素质、亲和力素质的职业素质;包括身体素质和心理素质的身心素质。结合心理学和社会学的研究和实践来看,一个人素养的形成,既有先天因素作为物质和精神的基础,也有后天的学习和养成,包括家庭和社会环境的影响,综合起来才形成我们说的一个人的素质。就以政治素质为例,这是播音员主持人非常重要的一种个人素养。试想,一个从不关心、从不认真学习党和政府方针政策的人真的能够传达、解读好党的方针政策吗? 一个思想作风、道德品质都有问题的人真的能够在节目中传递好的思想、好的作风、好的道德、好的纪律吗? 事实上,这样的播音员主持人,即使能够在传播中做一点表面文章,也只会是不痛不痒,不可能对广播电视受众有什么深层次的启发和引导。再以人文素养来说,一些播音员主持人对听众没有同理心,只顾节目抓眼球的需要,任意触碰听众的内心痛处,这些都是一个人缺乏人文素养的表现。一个具有人文素养的播音员主持人应该是贴近生活、贴近听众的,心中始终有受众意识,把握受众的心理,将心比心,始终站在受众的位置上考虑问题,让受众有"听君交谈,如沐春风"的温暖。有句人人都知道的名言"人并非美丽才可爱",真诚、睿智、善良才是美的内涵。播音员主持人的人文素养,包括了他(她)的价值观、道德观、学识修养、审美情趣、待人接物、生活态度等等,这些都会折射到一个播音员主持人的神情举止、仪表仪态当中。一位哲人说:"每张脸孔的美来自灵魂的成分大过于化妆术,灵魂赋予开朗、宽宏大度的人格,我确信:生命在脸上留下痕迹。"

第二节　高校播音主持人才的培养

1 拒绝"精致的利己主义者"

2004年,从北大退休的钱理群教授在南京师大附中开了一门名为"鲁迅作品选读"的选修课。他说,中国的大学培养出来都是"精致的利己主义者"。

钱理群教授在一个全国高校通识教育培训班讲鲁迅,讲完后,一位大学老师举手提问题,要钱理群教授介绍一下在大学里讲鲁迅课,怎样有利于学生求职就业。钱理群教授当时就目瞪口呆、不知所措,心里凉透了。钱理群教授说他无意责怪这位青年教师,因为他在上课的时候有学生也这么问他:你这个课和就业有没有关系,有关系我来听,没关系我不来了。

整个教育如果只围绕应试和就业来展开,这是非常可怕的。学习播音与主持艺术专业的同学们,应该反思:自己是否正在做着类似的"精致的利己主义者"?

2 就业和大学教育

就业和大学教育,是当代大学生所必须面临的现实问题。我们不能否认就业问题给我们大学教育提出了许多新的问题,新的挑战。

首先,大学的课程设置和教学内容问题。大学毕业就业难的原因之一,是毕业生不能适应社会经济科技发展的新要求;是毕业生知识结构的缺陷和不足。这确实暴露了大学专业课程设置、教学内容陈旧问题,因此大学应该进行教学内容、课程设置上的更新调整。这是大学教育改革的任务和使命。

第二,学生自身修养和素质的不足。大学生不能适应现代社会发展需要的另一个重要的原因,是大学生自身精神素质、人文修养的问题。很多就业单位认为现在的大学生,独立自主能力比较差、缺少团队精神、不善于和他人合作、独立思考和创新能力不足。这些问题,其实都是精神素质、人文修养问题,都是独生子女家庭教育和中小学应试教育的后果。正是因为这样,大学教育就应该补上这个课。大学不仅仅使同学们成为一个有知识、有技术、有技能的人,更重要的是成为一个健全发展的现代公民。如果不着眼于这一点,只是按职业知识、技能的要求来设计自己的大学生活,那么同学们中的许多人就很有可能在中学成了应试机器,到大学又成了就业机器。

第三,对就业的认知局限。当代社会是一个知识社会,信息社会,这个社会的特点就是职业转换很快,很少有一辈子固定在一个职业的人,因为随着社会科学技术知识的发展,不断有一些新的专业、新的课题、新的职业出现,这使得每个人可能变换自己的职业、自己的社会角色,这是现代知识、信息社会的一个很大的特点。

当代大学生对就业问题的看法,应该有一个长远的眼光,对职业的规划,应该用更加宽广的视野,而非执着于一生一种职业。

3 高校播音主持人才的培养目标与方向

大学培养人才是无可厚非的。我们现在需要讨论的是我们要培养什么样的人才?或者我们每个同学想让自己成为什么样的人才?

真正的人才应该有自我的承担、有独立自主的创造精神,有对国家、民族、社会、人类的使命和贡献。

(1) 择业与责任

史蒂夫·乔布斯说他进入大学6个月之后,发现自己完全不知道这样念下去究竟有什么用,当时,他的人生漫无目标,为了念书,还花光了养父母的积蓄,所以他决定退学。

退学后,他选择了一门书法课程,想学学怎么写出一手漂亮字。在这门课上,乔布斯感到那是一种科学永远无法捕捉的充满美感、历史感和艺术感的微妙,他发现这太有意思了!

当时乔布斯压根儿没想到这些知识会在他的生命中有什么样的实际运用价值,但是10年之后,当他们设计第一款麦金托什电脑的时候,这些东西全都派上了用场。

乔布斯感慨地说:如果我没有退学,我就不会去旁听书法课,而今天的个人电脑大概也就不会有出色的版式功能了。

这个故事的启示是：1.选择非常重要,同学们既然选择了播音主持这个专业,就必须承担起这个专业乃至这个职业所赋予你们的责任。如果不能承担这个责任,那你们就必须重新审视自己的选择;2.知识的有用和无用,其实并非以当下的用处作为标准的,我们应该珍惜你邂逅的所有知识,它或许会在今后的实践和生命中有实际的运用价值。

(2) 专业技能与文化积累

有一个年轻人,不远千里去寻找一位玉石雕刻老师傅。他见到老师傅,说明了自己学习玉石雕刻的志向。

老师傅拿出一块玉石给他,叫他捏紧,然后就给他讲中国历史,却一句也没有提到玉石雕刻。

第二天年轻人又去上课,老师傅仍然交给他一块玉石,叫他捏紧,又继续讲中国历史,一句也没有提到玉石雕刻的事。

就这样,老师傅每天都叫他捏一块玉石,光中国历史就讲了几个星期。接着,老师傅又向年轻人讲风土人情、讲哲学思想,甚至讲生命情操。老师傅几乎什么都讲了,但是关于玉石雕刻的知识,却一句也没有提。而且,他每天都叫那个年轻人捏着一块玉石听课。

几个月以后,年轻人开始着急了,因为他想学的是玉石雕刻呀,怎么现在只学了一大堆无用的东西呀? 有一天,年轻人终于鼓起勇气,想请老师傅讲讲玉石雕刻的学问,不要再教那些没有用的东西。

他走进老师傅的房间,老师傅仍然像往常一样,交给他一块玉石,正要开始讲课,年轻人大叫了一声:"师傅! 这块不是玉"!

老师傅开心地笑了,说:"你现在可以开始学玉石雕刻了"。

这个故事的启示是:一些看似与专业不相关的知识和学问,事实上才是你接近这个专业核心与真谛的宝玉,因为每个专业的学问都与历史、文学、美学等等文化积累有着深刻的关系。只有找到了这块心中的宝玉,你的学习和创造才能走上一条正确的道路。播音员主持人需要找到这块"心中的宝玉"。

现在的教育现实中,的确存在实用主义、利己主义现象,培养出了一些钱理群教授所鄙夷的"绝对的、精致的利己主义者"。自己利益成为他们学习、奋斗的唯一驱动力,而为他人做事则全部是一种投资。对播音主持学子来说,一些学生急于求成,只注意专业的功利目标,将能不能赚到钱、能不能成名,作为专业学习的唯一追求和目标,最终将一点点滑向精致的利己主义。

《叩开梦想之门——中国播音主持人文修养论纲》这门课,目标是让学习播音主持专业的大学生关注自己人格的塑造,要思考、研究如何成为有信仰、有责任感、有担当意识的播音主持人才,超越一己私利,成为对事业有传承、对社会有关怀、对国家有担当、对人类有情怀的新闻工作者、文化工作者、语言艺术工作者。

感 悟 与 思 考

1. 媒体最新的发展变化及要求是什么?

2. 如何认识"当好播音员主持人说到底是怎样做人和怎样做事"的问题?

3. 对于播音员主持人来说,"要有心中的宝玉"是指什么?

4. 未来你想把自己塑造成什么样的人? 如何实现?

第二讲

播音员主持人的人文理念

第一节　人文理念的内涵

1 人文理念的本质和核心

人文理念是一种主张以人为本,重视人的价值,尊重人的尊严和权利,关怀人的现实生活,追求人的自由、平等和解放的思想和行为。它的本质与核心就是以人为本。

播音员主持人是广播电视的"门面",代表着媒体的形象,是媒体立场、风格、态度的体现者和代表者。一个媒体的人文理念植根于选题、采访、编辑、播音主持等各个环节,在每个环节中,体现出关心受众、尊重受众,以受众为中心的人文理念。从传播主流价值观来说,播音员主持人是联系党、政府和人民之间的桥梁;就传播的手段来说,我们要了解受众心理、把握和尊重受众接收信息的规律,表达时要有对象感、交流感,要以情动人、以理服人,从受众的角度,更好地为广大受众服务。这些都是播音员主持人文理念的体现。

人文理念为播音员主持人构建了广阔的创作空间,使节目更具品位、更具魅力、更有观众缘。人文精神是一种普遍的人文关怀,表现为对人的尊严、人的价值、人的命运的维护、追求和关切,对人类留下来的各种精神文化财富的高度珍视。人文精神应该成为每一个播音员主持人自觉追求的理念,并呈现在节目中,为社会提供一种有正能量的媒体形象。

缺乏人文精神的广播电视播音与主持是无本之木,是没有灵魂的。因为大众传播一旦失去了对人的关注、对人的关怀,它的传播以及传播的内容都会是冷血、没有温度的,就会完全失去媒体的职责和操守。

汶川地震发生后,一名被困124小时的茶楼女工被成功救出,就在那一刹那,几十名记者蜂拥而上,将其团团围住拍照采访,现场医护人员说:"生还者刚被救出来眼睛蒙的布很薄,照相机的强光会产生强烈的刺激、伤了她的眼睛,你们要抢新闻,我们抢的是生命啊!"还有这样的新闻报道,标题是《七龄童走路违章被撞死——法院判决"白撞"》,这个"白撞"用得多么无情,任何一个有爱心的人都会觉得记者太过冷血。

总之,广播电视的播音员主持人应该时时以人为本、传播先进文化,自觉担负起弘扬人文精神的使命和重任。

2 人文精神与广播电视节目

随着广播电视资源的不断开发和专业化,人文精神已经被越来越多的广播电视台所重视,甚至一些广播电视台以人文主题立台,有着浓厚的人文色彩,体现了高雅的文化品位,显现出对人的"尊严、价值和命运"的关切。

2007年一个寒冷的早晨,8点钟的高峰期,在美国华盛顿朗方广场地铁站的垃圾桶旁,一个落魄的流浪汉在拉小提琴。在43分钟里,他演奏了6首古典名曲。经过他面前的1097个人当中,绝大多数对琴声毫无反应,只有27个人被吸引了。但这27个人当中,多数人听了数秒之后也就转身离开了,只有7个人停下来欣赏了1分钟左右。没有任何掌声,倒是有人施舍,他一共得到32美元17美分。

实际上,这个拉小提琴的"流浪汉"名叫约书亚·贝尔,是美国最著名的小提琴家之一。此前两天,他刚在波士顿歌剧院举办了演奏会,平均票价是100美元,而且销售一空。他手中的那把小提琴,是一把1713年制造的意大利名琴,估值在350万美元。此外,约书亚·贝尔还曾入选《人物》杂志"全球50个最俊美的人"。

整个这件事,其实是《华盛顿邮报》的"社会实验"的一部分。他们的构想是:在一个平凡的环境与不适当的时间里,人是否会意识到美?是否会停下来珍惜?是否能够在不预期的环境下,察觉不凡的才能?

世界上任何一个地方，都不缺乏文化资源。但是，很多美好的文化创造，却往往被虚掷浪费了，没有办法被看到、听到，更没有办法创造感动。

让文化进入生活，让生活中更多的人都具备感受、享受美好文化成果的能力，这是不是也是广播电视的人文责任呢？

当然，广播电视是由一个个具体的节目组成的。人文精神体现在不同的节目类型中，需要根据不同节目类型的特质，综合运用各种广播电视手段，才能更好地弘扬人文精神。

第二节　播音主持与人文精神

如今的广播电视节目，越来越讲求人文精神。很多播音员主持人也都自觉地想方设法把节目做得更贴近受众，以体现"以人为本"的精神。那么，受众究竟需要什么样的"人文精神"呢？

1 "受众本位"不等于"讨好受众"

"人文精神"所讲求的"受众本位"，并不意味着要一味地去讨好受众，因为受众不需要被讨好。

受众需要被尊重。受众希望广播电视节目能设身处地关注他们，关心他们的生活，关心他们的思想，给他们以话语权。

关于这一点，中央电视台的《讲述老百姓自己的故事》颇具代表性，节目中的主持人就把自己定位为："以平民化的视角关注百姓的生活，让老百姓来讲他们关注的热点和焦点，让他们在镜头面前呈现自己的生活。这也就是给予老百姓话语权，让他们在广播电视节目中，享受积极参与的乐趣与权利。"

受众需要被引导。有不少广播电视节目关注了百姓的需求，却忽略了另一方面，这些被忽略的内容，其实包含了更深层的"人文精神"。受众还需要得到成长，需要看到光亮。这种朋友式的心灵关怀，这些有益身心成长的参考建议，也是受众需要的"人性化"关怀。

2 播音员主持人需要的"人文精神"

(1) 人性回归

广播电视节目的人性化首先是一种人性回归。是播音员主持人把自己作为普通人的情趣和思维找回来,在播音与主持工作中渗透作为普通人的情感。播音员主持人要完成对受众的人性关照,首先要学会关照自己的心,才能体会到关心他人的快乐,才能在节目中真正体现出关照受众的"人性化"。播音员主持人关照自己的心,就是从本心出发,寻找自己真实的情感,做真实的自我,才能在节目中将心比心,更好地与受众沟通交流。

(2) 平民心态

广播电视节目的"人性化",要求播音员主持人在与受众交流时保持平民的心态。在采访、访谈过程中,播音员主持人只有以朋友的身份与受访者交谈,才会得到珍贵的包含着人性闪光点的镜头,从而制作出真情实感的播音主持作品来。在进行引导性的节目制作时,播音员主持人还要把"大众化形式""指导者思维"和"朋友型心态"有机地结合起来。

(3) 适合不迎合

播音员主持人在广播电视节目中的"人性化",不是一味地被受众牵着鼻子走。

"迎合"和"适合"是不同的,"迎合"是毫无原则地讨好受众,而"适合"是播音员主持人充分理解受众、找到适合受众的表达方式。

中央电视台《焦点访谈》节目之所以做得好,就是因为它不是简单地迎合受众,而是以事实说话、用过程说话的传播风格,做"群众喉舌、舆论监督、政府镜鉴、改革尖兵"。它彰显了节目制作群体的思想,包含了播音员主持人对社会和时代的理解和洞察。这是"人性的自我关照"和较高层次的"人性化",而节目也就有了它特殊的生命力。

完整的广播电视节目的"人性化",应该包括对受众的"人性关照"和对播音员主持人的"人性关照"。

3 播音员主持人如何提升人文素养

播音与主持是一项神圣而光荣的工作,播音员主持人应具备与此相适应的素养。这个素养不仅仅是知识结构、写作水平、采访编辑能力和播音主持技巧等专业因素,更是社会责任心和历史使命感因素的沉淀。

(1) 坚持"三贴近",践行提高"四力"

"三贴近"是指贴近实际、贴近生活、贴近群众。播音员主持人只有坚持"三贴近"原则,并将它贯穿于节目策划、制作、播报的全过程,才能更好地宣传党和国家的方针政策、服务于民。"四力"是指脚力、眼力、脑力、笔力。这是习近平总书记针对宣传思想工作提出的一种创新思想和创新理念。对于播音员主持人来说,只有有效践行"四力"才能进一步提升自身综合素质和全面发展的能力。

(2) 关怀国家,关怀人民,关怀一切与大众利益相关的事物

播音员主持人的人文精神在节目中的体现,在很大程度上需要有情感的融入。这既是引导受众的基本方法,也是播音员主持人主要的角色行为之一。在节目中,具有高度审美价值的情感,是播音员主持人的一种社会情感,也是代表受众的一种情感体验,并非是播音员主持人个人意识在节目特定情境下本能的喜怒哀乐的反映。所以,播音员主持人只有真正深入生活、感受生活,把脚步扎根于人民,才能与时代、与受众产生真实的共情,发出可亲可信的声音,才能避免在节目中矫情、煽情和滥情。

(3) 提升蕴含良心、爱心和责任心的文化人格

播音员主持人是媒体的代言人,又是有着个体独立意志的人。自然人格向媒体人格的转化过程,正是"真情与理性"产生、结合和统一的过程。要使这一过程获得最佳的传播效果,必须依赖于播音员主持人的文化人格。那么,播音员主持人的文化人格又来自哪里呢?追根溯源是播音员主持人的人文精神和人文素养。它包括了播音员主持人的人文视角、人文关怀、人道主义、良心、爱心、责任心等的综合体现,这是广播电视应有的媒体属性,也是播音员主持人应该具备的人格素养。

感 悟 与 思 考

1. 怎样理解人文理念的内涵就是"以人为本"?

2. 为什么说人文精神不能是一味迎合?

3. 怎样提升播音员主持人的"人文素养"?

第三讲

播音员主持人的三观养成

第一节　什么是三观

"三观"指的就是：世界观、人生观、价值观。

有人说，在这世界上，人与人之间最遥远的距离不是生与死，而是三观不同；又有人说，父母子女渐行渐远的不是距离，而是三观。

一个人三观的形成，受到家庭、学校、社会等多方面的影响。然而受影响最多的还是原生家庭，来自父母的耳濡目染。

小时候，孩子的世界只有爸爸妈妈。父母是孩子的第一任老师，好父母胜过好老师。孩子在父母的叮咛和教诲中慢慢成长，在成长过程中，逐渐有了自己的思想，尤其在青春叛逆期，孩子开始追求个性，不再认同父母的观点……父母本来应该是孩子最亲密的朋友，最强大的后盾，但此时却变成了孩子的公敌，他们向父母关闭了心扉，父母与孩子近在咫尺，心的距离却远在天涯。

旧时无话不谈的好友，因为三观不合，成了"话不投机半句多"的陌生人。朋友之间，"物以类聚，人以群分""道不同，不相为谋"。性格不同不一定会影响友谊，但三观不合一定不可能成为真正的朋友。

当然，世上没有两片完全相同的树叶。同样，世上也没有三观完全契合的两个人。而且，人都是变化的。随着个人成长、环境、阅历的变化，三观相近的人也可能会变得三观不合，三观本来不合的人，通过磨合，也可以使三观日趋相近。

进入大学后,每个学生多多少少都有了自己的独立思考能力,虽然对自己的三观的认识还模糊不清,但大致轮廓已经基本形成,这个形成过程是潜移默化的。

人的三观中:人生观,是父母启蒙的;世界观,是学校教育的;而价值观,则是生长中逐步形成的。三观之间的关系互相穿插、互相影响。但真正决定人一生的三观,是个人的人生体验。因为只有自己体验过的成功与失败,快乐与悲伤,才能融化进自己的血液。

第二节　怎样认识世界观

1　你必须认识这个世界

简单说,世界观就是怎么看待这个世界的问题。它是纵贯古今,横跨中西的,而不仅仅是我们自己的那个小小世界。

我们每个个体所认识的世界,是非常有限的。而古今中外的智者、伟人"读万卷书,行万里路",整个人类认识的世界是浩瀚无垠、无比广大的。

如今,信息渠道开放,交通便捷,我们应该多阅读,多行走,多思考。我们应该去了解世界,去了解其他国家的社会制度,去了解各大文明的繁荣与兴衰,去了解战争、革命的起因与经过,去了解那些美好的文学与音乐。所有的一切,都是为了更好地认识自己、认识我们的祖国、认识我们的人民,认识我们这个个体在世界地理上处在什么位置,在历史的长河上是处在什么位置,在文明的演变中处在什么位置。

2　怎样认识世界观

世界观是一个人对整个世界的根本看法。它是人们对整个世界以及人与世界关系的总的看法和根本观点。世界观建立于一个人对自然、人生、社会和精神的科学的、系统的、丰富的认识基础上,它包括自然观、社会观、人生观、价值观、历史观、物质观、运动观和时空观。

世界观的基本问题是意识和物质、思维和存在的关系问题,根据对这两个问题的解答,可将它划分为两种根本对立的世界观类型,即唯心主义和唯物主义世界观。哲学就是理论化、系统化的世界观。

世界观具有实践性，人的世界观是不断更新、不断完善、不断优化的。

认知高度不同的人，看到的世界是不一样的。

人类的认知，好似一个巨大的天坑，呈漏斗态势排布。我们的认知就是这样，从漏斗的底端一步一步向上攀行，越往下，所见越少，机会越少，越是有社会不公的感受；越往上，所见越多，机会越多，越是感觉风光无限，每行进一步，都会有豁然开朗的通达感，每上升一层，都会获得无尽的心灵快感。

大部分人的人生路途，往往只看到一条船，而没有看到那条河，更忽略了两岸美丽的风景。

读书的目的，是为了获得认知与果决的行动能力，所以学习不要太功利，这个世界，人类竞争比拼的不是什么学分成绩，不是名校名师，不是专业科目，而是你对自我与社会的终极认知。说格局、说心胸、说视野，最终说的不过是认知。

世界观帮助你看待自己、看待世界、看待世相人心。你看明白了，想清楚了，心就静了，做事就沉稳了，言谈举止，也变得优雅得体了。

作为播音员主持人来说，世界观的树立是播音员主持人行为的最高调节器，制约着播音员主持人的整个心理面貌，直接影响播音员主持人的个性品质。可以讲，世界观决定播音员主持人的价值观和人生观。

第三节　怎样认识人生观

1　人生观

"你是谁"，"你从哪里来，要到哪里去"，这些是哲学的经典问题，也是对人生观的重要思考。

人生观是世界观的重要组成部分，是世界观在人生问题上的体现。

人生观就是对人生意义和目的的认识。它包括人生目的、人生态度和人生价值这样三个方面。社会地位不同，生活经历和境遇不同，对人生的意义和目的的认识不同，人生观也就必然不同。评价一种人生观是进步的，还是落后的，根本标准就是在于看它是否符合社会发展的要求。

作家史铁生的文章《我与地坛》，让读者看到了一个饱受命运折磨的少年史铁生。

18岁那年,史铁生去陕北插队,有一次他在山里放牛,遭遇暴雨和冰雹。回到家,他发了高烧,大病一场。一年后,下肢彻底瘫痪,从此变成了坐在轮椅上的人。史铁生用一句话概括了他的人生:主业是生病,业余写点东西。

瘫痪后的史铁生一边写作,一边找工作。在很多人眼里,史铁生的人生堕入低谷,应该变得沉默自闭、绝望无比。可朋友们见到史铁生后,惊叹他不但没有自暴自弃,反而异常开朗,聊天起来滔滔不绝,只要好玩的事、好吃的东西,他都为之痴迷。

1980年末,瘫痪的史铁生又得了肾病,连正常排尿都是问题,从此只能终身插着尿管,随身带着尿壶。要么好好活着,要么立马死。史铁生只有这两个选择,他有一万种理由选择死,但是他选择了用处之泰然的态度报复命运的凌辱。他在《我与地坛》中写道:死是一件不必急于求成的事,死是一个必然会降临的节日。

1989年,史铁生刚刚得到幸福的爱情,但命运又给了他重重一击。他肾病越发严重,最后恶化为尿毒症。一个星期,史铁生三天都在医院透析。但他在采访中却乐观地说:其实18年前医生就告诉我,我终有一天要做透析,所以我已经很幸运,因为那个时候透析水平远不如现在,命运已经很善待我了。

2010年12月31日凌晨,史铁生突发脑溢血逝世,享年59岁。史铁生的妻子遵照遗嘱,将史铁生身体唯一完好无损的肝脏和眼角膜捐献,史铁生说:希望器官新的主人能帮我继续看看这个美好的世界。

史铁生生前说:我常感恩于自己的命运。人的命就像这琴弦,拉紧了才能弹好,弹好了就够了。我尽力了,所以没有遗憾。

在苦海泛舟的岁月里,史铁生创作了20部短篇小说、6部中篇小说、2部长篇小说、18部随笔散文、2部电影剧本。史铁生的生活是艰难的、残酷的,但是他用微笑,让它变得柔软、有意义。

第四节　怎样认识价值观

1 价值和价格的辩证关系

价值观是人们关于价值问题的根本观点,就是你认为"什么是有价值的?""什么是最珍贵的东西?"

有些人经常把价值和价格搞混了,特别是商品,不都是明码标价的吗?而价值和价格,是两个非常有趣的辩证关系。阐述这个东西,必须要用到经济学里"效用"的概念。

"效用"是指对于消费者通过消费或者享受闲暇等使自己的需求、欲望等得到满足的一个度量。你口渴的时候喝水,喝第一杯水效用是 10,第二杯是 5,第三杯是 1,第四杯的效用可能就是负数了。而一杯水的价格是整个市场供求关系所确定下来的,这个需求,是广大民众的平均效用。但对个体来说,效用的偏差其实相差很大。就像一场话剧,有的人觉得很有价值,带给了他一场精神的盛宴,而有的人索然寡味,看得昏昏欲睡,一文不值。但是票价都是一样的,价格是一样的。

正是因为每个人心里对待事物的评判标准不同,对效用的体验不同,所以追求也不同。有的人一生的追求是金钱,有的是事业,有的是功名,有的是爱情。

生活中很多人生活得压抑、不快乐,究其原因,是因为效用不够。而效用这个东西完全是根据主观感受来的。同样一个东西,怎么样转变我们的看法,让效用变得更高,这就是讨论价值观的意义所在。

2 建立一个价值的坐标轴

价值观,其实就是自我修心的过程,就是如何正确地看待金钱、名利、得失。

要有正确的价值观,必须要给自己内心建立一个价值的坐标轴。而这个坐标轴,要具有两方面的特征:

一是抵御外在影响:价值观是你觉得有价值的东西,对的东西,它不被外界、左右影响;

二是不被欲望绑架:幸福,永远赶不上人类的欲望;人类的痛苦是由与自己能力不相匹配的欲望造成的。所以你的价值观应该不被内心欲望左右和绑架。

《今晚报》曾刊登过一位叫刘福琪的读者的文章,说他女儿在加拿大,外孙女四岁生日刚过,家里就谋划给她买一架钢琴。正在为品牌价格举棋不定的时候,女儿在公司内部网络上发现了一则启事。启事就三句话:我家有架旧钢琴,欲免费赠人,望有意者速告。女儿女婿商量:孩子年龄小,初学乍练,与其破费买新琴,不如用旧的琴练练。于是忙留言说我们有意。仅仅过了几分钟,钢琴主人就回信,要求告知住址及入户路径等等。定好时间,大约过了一个半小时,钢琴便由搬家公司运抵到家了。女儿随即给钢琴原主人发短信:"钢琴已顺利运到我家,谢谢!"几天后,女儿请来一位调音师。她问调音师这架钢琴的质量怎么样,可以用多久?调音师幽默地说:"世界名牌!如果不拿铁锤砸,你女儿的孙女照样用。"

一分钱没掏,连钢琴主人的面都没见,连人家是男是女、姓甚名谁都不知道。这就是这架钢琴原主人的价值观。

第五节　怎样认识媒体的价值观

广播电视媒体与网络媒体是有价值观的。

我们的广播电视、网络媒体将社会主义核心价值观作为传播的重点和主线,关注人的精神生活,关注世道人心。当下社会价值观多元,一些非主流价值观在舆论场上喧嚣不已,在这种情况下,核心价值观要树立核心地位,就要理直气壮地发声,让"富强、民主、文明、和谐、自由、平等、公正、法治、爱国、敬业、诚信、友善"的价值观日益深入人心。核心价值观是一个民族的性格、是一个国家最深沉的精神追求,它关乎国家前途、关乎人民幸福。

世界著名的媒体文化研究者和批评家、原纽约大学文化传播系的系主任尼尔·波兹曼认为,强势媒介能够以一种隐蔽却强大的暗示力量重新定义现实世界,甚至塑造一个时代的文化精神,人们实际上是生存在媒介所制造的巨大隐喻世界中而不自知,因此发展出了"媒介即隐喻"的理论。波兹曼出版过二十多部著作,《娱乐至死》是他的代表作之一。

尼尔·波兹曼在《娱乐至死》中,有这样的观点:

1. 有两种方法可以让文化精神枯萎,一种是奥威尔式的——文化成为一个监狱,另一种是赫胥黎式的——文化成为一场滑稽戏。

2. 媒介的独特之处在于,虽然它指导着我们看待和了解事物的方式,但它的这种介入却往往不为人所注意。

3. 过去人们是为了解决生活中的问题而搜寻信息,现在是为了让无用的信息派上用场而制造问题。

尼尔·波兹曼认为:电视时代蒸蒸日上,电视改变了公众话语的内容和意义,政治、宗教、教育、体育、商业和任何其他公共领域的内容,都日渐以娱乐的方式出现,并成为一种文化精神,而人类无声无息地成为娱乐的附庸,毫无怨言,甚至心甘情愿,其结果是我们成了一个娱乐至死的物种。乔治·奥威尔曾在《一九八四》中预言人类将会遭受外来压迫,失去自由;赫胥黎则在《美丽新世界》中表达了另一种忧虑:人们会渐渐爱上工业技术带来的娱乐和文化,不再思考。《娱乐至死》想告诉大家,可能成为现实的是赫胥黎的预言,不是奥威尔的预言;毁掉我们的,不是我们憎恨的东西,恰恰是我们热爱的东西!

一段时间以来,我国的广播电视、网络节目也受到泛娱乐化影响,导致主流价值消解。

2017年6月1日,《中华人民共和国网络安全法》正式实施,规定:任何个人和组织不得利用网络从事侵害他人名誉、隐私、知识产权和其他合法权益等活动,网络运营者应当加强对其用户发布的信息的管理,发现法律、行政法规禁止发布或者传输的信息的,应当立即停止传输该信息,采取消除等处置措施,防止信息扩散,保存有关记录,并向有关主管部门报告;同样也是在6月1日,国家新闻出版广电总局发布《关于进一步加强网络视听节目创作播出管理的通知》,要求网络视听节目弘扬社会主义核心价值观,坚守文明健康的审美底线,遏制追星炒作低俗之风,杜绝以炒作绯闻丑闻隐私劣迹为噱头博取点击率,坚决杜绝包装炒作明星子女和侵害未成年人权益的现象,积极营造和谐、绿色的网络视听节目传播环境。

第六节　播音员主持人的核心价值观

价值观是人们对经济、政治、道德、金钱等所持有的总的看法。由于人们的社会地位不同,价值观也有所不同。有什么样的价值观,就有什么样的价值取向。播音员主持人的价值观,应该秉承的是整个社会的主流价值观,它必须符合社会主流的要求,也就是社会主义的核心价值观:富强、民主、文明、和谐、自由、平等、公正、法治、爱国、敬业、诚信、友善。

1 核心价值观应该是播音员主持人发自内心的行为准则

播音员主持人代表的是媒体的形象,他的职业特性和特殊定位决定了播音员主持人必须恪守做人操守,遵守道德规范,分清荣辱美丑,高度爱岗敬业,保持良好形象,不能做出任何有损人格和国格的行为。

有人会说,播音员主持人也是人啊!"金无足赤,人无完人"嘛,如此严格的要求,是否有些不近人情。没错,播音员主持人是人,但他不是普通的个体,而是公众人物。既然是"公众人物",就必须严于律己,不能我行我素,否则,你就不具备从事这个职业的素养,一个不讲做人操守,有悖职业道德的播音员主持人,其结果只能被淘汰。

播音员主持人坚守核心价值观,不仅要在制度上予以落实,在行为规范上予以监督,更要在自己内心变成一种自觉理念和行为准则。否则,即使有刚性的行政管理措施,表面看上去似乎有效,但总经不起考验,一旦放松警惕就会在价值观问题上犯下错误。究其原因,还是因为所谓的约束只是服从外在的秩序,并没有在内心建立行为准则。

2 核心价值观丢失的几个原因

在复杂的社会环境和浮躁的学术环境下,播音员主持人的价值取向面临着严峻挑战。

(1) 只看结果、不管过程;为求结果,不择手段

我们经常可以听到某些人说,"我只看结果,不看(不管)过程"。也就是说,他们只问成功,不问如何成功;成者为王,败者为寇。这样的功利主义原则弥漫在一些人的心中。他们在心底里接受了这样的错误逻辑:只要目标合理,采取什么手段,都是无所谓的。

通过目标来决定手段的合理性,在政治学被称作"马基雅维利主义"。在这一主义的指导下,目标就是一切,只要目标达到了,无论采取多么不光

彩的手段，都是合情合理的。

（2）文化领域的拜金现象

知识不等于文化，很多具有高学历的知识分子，素养和品德并不高，缺少文化修养，尤其缺少民族文化的修养。他们张扬的东西铜臭味太重，少了高洁、少了自然、少了人文，甚至把文化蜕变成了牟利的工具。

（3）盲目追求西方模式

长期以来，西方的反华势力和与之呼应的"公知"认为：中国应当照搬西方的那一套政治制度，认为那是放之四海而皆准的宝贝；还有些人对西方文化盲目崇拜，对自身民族的东西却漠然视之，迷信"外国的月亮"，迷信与"国际接轨"。

世界银行前首席经济学家尼古拉斯·斯特恩品论发达国家与发展中国家之间的气候谈判时，举了一个很生动的例子来说明西方发达国家与第三世界国家有着截然不同的前提，他说："一场宴会，高朋满座，宴会结束前最后一刻，来了一位穷亲戚，他只赶上喝到一杯咖啡。众人最后说实行 AA 制，所有费用大家公平分摊，这对穷亲戚显然是不公平的。"所指不同，但道理相同。一种政治模式在社会文化和物质基础截然不同的国度里是不可复制的。

3 人们渴望"清纯"的回归

广播电视媒体对社会舆论和社会价值观念的形成具有强大的影响力。广播电视媒体的报道和节目无不体现和蕴涵着一定的价值导向，无不对国民心态产生这样那样的影响。

这就要求播音员主持人遵守规范、加强自律，始终坚持正确的舆论导向，始终坚持客观、真实、全面、公正的报道原则，引导国民以健康的心态认识和对待国际、国内的重大事件，决不能为了吸引眼球、迎合部分受众的心理而渲染和炒作一些极端、非理性的"雷人""雷语"。

第七节 播音员主持人的价值取向

在复杂的社会和浮躁的学术环境下，播音员主持人的价值取向面临着严峻挑战。

曾有一个时期，复杂的社会现实，让一部分广播电视媒体迷失了媒介的责任，让什么"凤姐""兽兽""伪娘""著姐""宝马女"马诺之类，频频在荧屏上亮相，借助她们的献"丑"进行炒作，以此来吸引眼球，提升收听、收视率；在浮躁、功利的学术环境下，广播电视一讲改革、创新，就是"卖点""品牌"这些热词，而"思想、艺术、真实、深邃、完美、智慧、才学、激动人心与精益求精"等等，却被不少媒体人遗忘了，认为是已经"古老"的名词。中国的崛起究竟是财富的崛起，还是文明的崛起？能否向世界展现具有精神内涵的中国文明？我们的播音员主持人在文明崛起的过程中能否成为文化守望者？这样的反思，这样的担当，每一个播音员主持人都应该认真思索。

1 摒弃简单功利的价值取向

"嫦娥"奔月了，"神舟"上天了，"天宫"住人了，"蛟龙"潜海了，激动人心、振奋人心，但一个问题也被不断提出来，如影随形——"他们有什么用？"有些是疑问，有些是诘问。

事实上，不仅大型科技工程，很多名词都曾被当作"有什么用"这个句式的主语，比如，"基础科学有什么用""哲学有什么用""审美有什么用"……并且，紧跟其后的，往往不是问号而是叹号。透过这一个个叹号，我们看到的，是简单而功利化的价值取向在弥散。

《人民日报》早在2013年1月8日，就刊登文章指出：现在一些人实在太现实、太功利了，他们只讲金钱不讲信仰，只要"实惠"不要"主义"，精神上的"钙"一点一点地在流失。在他们眼里，自己的进步是重要的，事业的发展是次要的；自己的享受永无止境，群众的冷暖漠不关心；自己的一丝付出看得比天还大，组织的任何奖掖都是天经地义的……

不可否认，在播音员主持人队伍中也出现不少因唯利是图而突破底线、触碰红线的事件，造成不良影响。所以播音员主持人应该把职业道德、职业使命作为立身之本,坚持正确的义利观,加强思想自律和行为约束、看淡名利,抵制诱惑,遵守法律法规,遵循公序良俗,努力做到言为士则、行为世范,激励人们向上向善。

2 杜绝迎合媚俗的价值取向

曾经有一段时间,广播电视节目中确实还存在着一种价值观和价值取向的迎合与媚俗化的倾向。这种倾向表现为把人的感觉、欲望、本能从思想、道德和价值观中分离出来加以宣扬,以所谓形式上的"创新""改革"来迎合一小部分受众低下格调的品位。

国家广电总局叫停了某台的一档竞猜节目《棒棒棒》,它让干露露母女三人在节目中放泼撒野、大爆粗口。新闻媒体罔顾媒体社会责任,为丑恶言行提供展示舞台,造成恶劣社会影响;某台一档整容真人秀节目《美丽新约》,节目画面血腥、恐怖、暴露,格调低下,线下活动奢华铺张,引起观众强烈不满,最终被国家广电总局紧急叫停,并明令禁止整容、变性节目。

3 播音员主持人建立正确价值观的重要性

不管是在什么时代,不管你是什么学校毕业,如果你没有正确的价值观,就难以在人生的选择中作出正确的判断,明白孰重孰轻;如果你没有树立人生正确的价值观,那么你随时可能被困难绊住脚步。因此不管什么时候,播音员主持人一定要学会构建正确的价值观。

应该对价值观和专业能力的关系有清醒的认识。并不是说有了好的思想作风,好的价值观,就一定有高水平的播音与主持技能,就能拿奖,就能创名牌。思想道德水平、价值观虽然不能决定业务水平,但是却可以决定播音员主持人的行为准则和为人做事的观念,决定一个人的奋斗目标和努力方向。

价值观的建立,是需要历练、积累的,它需要不断地丰富,不是一蹴而就的,不是拿了播音员主持人执业资格证书、拿上记者证,就有了正确的价值观,这是不能划等号的。

每一个年轻播音员主持人,都要对自己的国家和民族负有责任,承担起社会担当、维护国家利益。价值观的确立,就是要有对理想和崇高精神的追求;要富有爱心、勇于担当社会责任;要培养自己正直、善良、勤奋、真诚的品质;要学会辩证地分析问题、思考问题、看待问题,为祖国和人民、为人类共同美好的未来努力创造、不断奋斗。

感 悟 与 思 考

1. 一个人的价值观是如何形成的?
2. 哪些因素决定了人生观的不同?
3. 你将给自己内心建立一个怎样的价值坐标轴?
4. 如何理解广播电视媒体与网络媒体的价值观?
5. 播音员主持人应该树立的核心价值观是什么?
6. 核心价值观丢失的原因有哪些?
7. 播音员主持人建立正确的价值观应该摒弃哪些价值取向?

第二编

播音与主持职业素养

第一讲

播音与主持职业特征

第一节　播音员主持人的年龄和个性特征

1 中国广播电视播音主持人员的年龄特征

不知从何时开始,我国广播电视界形成了这样一种看法,似乎播音员主持人越年轻越好,有的播音员主持人还不到 40 岁就已经被划入老龄界了。

西方国家广播电视中的播音员主持人年龄普遍偏大,他们认为成熟的播音员主持人最受欢迎.美国著名节目主持人克朗凯特到六十多岁还在主持新闻节目。西方国家的广播电视媒体,甚至把已经上了节目的年轻主持人撤下来"磨炼磨炼再说"。

中央电视台主持人白岩松在他的《我们能走多远》一文中发表看法认为:"……先不说文明古国是否需要在第一媒体上有张成熟的脸,单说人们的那种不信任就足以让二十多岁的主持人顿感青春苦长了。"

2 播音员主持人职业生涯的年龄段划分

按照我国的实际情况,播音员主持人的年龄段大致划分如下:

(1) 第一阶段

年龄在 20～28 岁,即积累、提高阶段。此年龄段播音员主持人大多为

"初出茅庐",年纪轻,经验不足,显得稚嫩,不够成熟;模仿多于创新,但有朝气,思想活跃,精力旺盛,工作热情高。

(2) 第二阶段

年龄在 28～36 岁,即提高、发展阶段。此时的播音员主持人已有一定的社会经验,思想趋于成熟,工作较为得心应手;开始有独到的见解和创新,逐渐形成自己的风格特点,并为受众所承认。

(3) 第三阶段

年龄在 36～44 岁,即发展、成熟阶段。此时的播音员主持人在各方面均已相当成熟,风格特点巩固、成形,有相当的业务能力及社会知名度,技能水平和理论水平趋于高峰,具有相当实力。

(4) 第四阶段

年龄在 44～52 岁,即娴熟、超然阶段。这是播音员主持人最辉煌的时期,各方面表现极为稳定、出色。业务能力游刃有余、不温不火、不骄不纵,是受众最信赖、最欢迎的播音员主持人。

(5) 第五阶段

年龄在 52～60 岁,即超然、精通阶段。随着年龄的增长,此时的播音员主持人在生理和心理上开始发生逆向转变,即开始了由鼎盛转向衰退。但这一过程是缓慢的,有些人甚至能将娴熟、超然阶段保持到退休。大多数播音员主持人都能在这一阶段将他们的知识、能力、经验、成绩、知名度保持发展下去。此时他们的资历使其心态较为超然、平和。

当然,播音员主持人年龄段的划分,是一般现象的综合。播音员主持人在能力的类型上是有差异的,能力开发得早晚、表现的先后也是有差异的,不能一概而论。

3 播音主持人员年龄与能力的一般规律

从划分上看,播音员主持人的"黄金时期"应在第三、第四年龄阶段,但也不能否认某些播音员主持人的优异能力在初学时期就表现出来了。这种"人才早熟"或"能力的早期表现",在现实中也是不乏其人的。

从播音发展史看,原苏联著名播音员尤列维坦,17 岁就进入全苏广播电台担任播音工作了;我国著名播音主持艺术大家齐越、夏青、林田、林如、葛兰、铁成、方明、陈醇、关山、沈力、赵忠祥、徐曼等,都是 20 岁左右就在播音主持艺术实践上具有较高的能力了。他们之所以成材早,与他们自身条件、时代背景、媒体环境以及所受教育和工作实践等因素都是分不开的。

4 播音主持人员成熟期的一般特征

大多数播音员主持人属于"大器晚成"类型。他们经过刻苦努力,学习掌握了各种播音主持技能,随着工作经验的积累,年龄的增长,思想的成熟,逐渐激发出潜在的能力。

从主持人获奖的年龄看,如原东方广播电台的蔚兰、张培;中央电视台的敬一丹、鞠萍等当年大多为 30 岁以上了,赵忠祥、曹山、雅坤、叶惠贤等更是五十岁开外的人了。

这一现象也提醒广播电视媒体,在选择播音员主持人时,对有阅历、年龄较大的主持人不应排斥;而对"花瓶式"的人选,倒应该慎之又慎。

5 播音员主持人的心理年龄

一个人既有生理年龄也有心理年龄。在受众的眼中和心理期待中,播音员主持人应该较本人的实际年龄"大一些",受众认为播音员主持人须有较深厚的生活积累和社会经验,具有权威感和信任度。

为此,播音员主持人在专业能力称职的标准下,还得在"快些长大"和"不能衰老"之间寻求平衡,否则将无法适应广播电视媒体对播音员主持人的要求。即不断地吮吸生活的养分与知识的乳液,尽快地"催化"自己"长大成人";同时,要求自己胸中永存创作激情,"年轻的心"永远不老,"青春之火"永驻,防止过早生成"老年心态"。

6 播音员主持人的性格特征

(1) 播音员主持人已经不是"完全的自我"

播音员主持人在节目中已经不是"完全的自我",而是节目制作群体中的一员,是这个节目群体的代表,是广播电台电视台的"门面",是党和政府的喉舌。播音员主持人的身份是在节目中显露出来的、根据节目需要强化的那部分"自我",当然同样具有创作特色和个性、素质的发挥。

(2) 选择符合节目特性的播音员主持人

各类广播电视节目都应该选择符合节目特性的播音员主持人来驾驭节目,否则再好的节目策划也会打折扣,显得不伦不类。

如某位电影演员曾主持中央电视台的《电影世界之林》节目,就没有得到受众的认可,总觉得她的主持与节目内容不和谐。因为这是一档电影评论类的节目,她的气质个性与节目的要求不吻合。如果由一个学者型的教授或电影理论家、评论家来主持,或由某个导演来主持,那么效果可能会好多了。

有些人主张主持人应该"表演"或"非角色化表演",受这一主张影响,一些播音员主持人带着或多或少的表演痕迹播音与主持节目,给受众以"虚假""做作"的感觉。我们认为播音员主持人在节目中万不可产生"表演"的念头,只有把自己和节目需要的那部分真实的自我充分地呈现、强化和提升,才会得到受众的认可、信任和欢迎。

(3) 把握创作的诸元素与节目和谐统一

播音员主持人在节目驾驭中,创作的各个元素都需要和节目的定位、特征进行配合,以期和谐统一,避免出现"不和谐""别扭"的现象。

比如播音员主持人的仪表仪态。在电视节目中,首先进入受众眼帘的是播音员主持人的仪表仪态,使受众"一目了然"地得到审美愉悦,从而建立起初步的美感评价,进而建立起信任感,也给受众产生联想:白发苍苍常使人感到经验丰富,容易建立信任感;服装花哨、化妆浓艳常常令人觉得浅薄,容易产生浮夸感;表情呆滞、动作拘谨常使人觉得资格浅,容易产生稚嫩感……因此,优秀的播音员主持人都十分注意自己的仪表仪态,使自己的衣着、化妆、形体、言语所传递的信息与节目的特性吻合,为节目的传播增光添彩。

当然受众的审美心理是极其复杂的。受众总是希望看到符合自己审美期望的播音员主持人。但由于每个人都有与他人不同的年龄、经历、修养、气质、爱好等特征,所以也就没有完全一致的审美标准。又由于受众的审美意识不断受到社会意识、观念、地位的深刻影响,而形成一种带有倾向性的审美定势心理。这种审美意识的偏倾作用是很明显的,就好像在有声语言艺术欣赏中,给每一位受众都带上了一副不同颜色和屈光度的眼镜,即使对同一播音员主持人,同一节目内容、同一节目的播音与主持方式,也会出现不同的看法,产生不同的审美感受。

因此,播音员主持人仪表仪态即面部化妆、着装和发型等,应该根据自己年龄、性别、场合、时令及节目内容等来打造,播音员主持人仪表仪态应该把握基本的审美标准,它是符合大众传媒定位的、符合大多数人审美眼光的。对于中国的播音员主持人来说,应该是自然、大方、典雅、朴实、端庄、生动、对称,给人感官舒适、愉悦的。然后再根据节目的特性进行个性化的调整、匹配。

第二节　播音员主持人队伍的"中国特色"

各个国家的播音员主持人的形象,是与国情、民族、整体素质、客观环境、思维方式、语言表达方式等相一致的。中国的播音员主持人形象自然具有"中国特色",他(她)与西方国家广播电视媒体的性质、定位自然也有着很大的不同。

1 播音员主持人的选拔

西方广播电视播音员主持人最初、最大的来源是编辑记者队伍中的佼佼者,他们年龄较大,各方面均较成熟,播音主持岗位几乎是他们奋斗半生才得到的。他们亲自参与报道的计划制订,指挥、安排国内外记者或亲自出马采访报道；他们的合作者，有的甚至是他们的雇员，是为他们雇佣的；他们是节目的核心和领导，具有绝对权威，具有宏观上掌握和处理新闻报道的能力。

以当代来说，中国的播音员主持人大多为高校播音与主持专业科班出身的学子，一些"主持人"也是由部分播音员或编辑记者"因工作需要"转变而成的，有些是社会招聘的，没有进行过系统的播音主持专业的学习和培训。

由于播音员主持人的年龄普遍较轻，阅历较浅，总体形象年轻显得稚嫩，他们大都属于"不参与节目型"或"半参与节目型"的播音员主持人。他们只是节目制作群体中的一个成员，缺乏全面掌握和处理宣传报道的能力和权利，在节目中他们是团队的门面和形象，主要起到串联、访谈和"司仪"的作用，其职权范围是把整个团队的创作内容，包括稿件信息、连线报道、现场访谈、评论点评呈现出来，转换成有声语言。

2 整体素养现况

从宏观上看，我国广播电视从业人员总人口的素质素养还有待提高，一些编辑记者被选拔上播音与主持岗位前，缺少播音与主持的专业知识；一些播音员主持人则缺少新闻采编能力的积累，缺少上岗前的岗位培训，也缺少工作中必要的监督、指导，自我成长较为缓慢。

加强阅读能力是提升一个人素质、素养的重要渠道，有资料显示，20 世纪 90 年代末，美国人的年均购买图书就在 80 册以上了，而当时中国人年均购图书仅 4～5 册。

如何把阅读变成习惯，如何博览群书，又善于实践，用阅读来提升人文素养，用行走来拓展眼界心胸。了解社会，了解人民，了解文化，是摆在播音员主持人面前的重要功课。

3 民族性审美特征

"民族差异"也是坚持有"中国特色"所必须强调的。无论什么时代，无论什么社会制度，民族之间的审美差异总是存在的。如西方国家的广播电视受众偏爱机智、勇敢、幽默、活泼的播音员主持人形象;而中国的受众较为偏爱端庄、文雅、谦逊、稳重的播音员主持人形象。审美差异还表现在各民族之间播音主持的风格、语言、身姿、服饰等等方面。这都是由不同民族的不同心理定势和审美意识所决定的。我们应该保护、包容这样的审美差异,并弘扬各民族之间的审美特色。

4 客观环境特征

播音员主持人的风格并不是孤立存在的,而是在一定的客观环境下形成的。中国的播音员主持人是党、政府和人民的"喉舌",是广播电视媒体的代言人。中国播音员主持人的风格,就是在这样的媒体特性的客观环境下形成的。

(1) 不能超越制约

播音员主持人与节目关系的主次不能颠倒,任何一个富有个性的播音员主持人都不可能仅凭个性或个人的意愿来处理、解释节目,只有当播音员主持人个人的特点与节目内容和风格相统一、相协调时,才能产生出良好的传播效果。因此播音员主持人不能在大众媒体节目中随心所欲、信口开河,不能超越节目类型和节目内容的制约;不能超越时代、国情、民族的制约。

(2) 是媒体的代言人

由于客观环境的要求,中国的播音员主持人应该尊重中国文化的基本审美追求,在言语、身态、修饰等方面弘扬"中国特色",播音员主持人必须考虑中国人的特点、特色,不能把沾染"洋味"作为潇洒,不能生搬硬套地去模仿西方人的表达方式,应该具备民族自信和文化自信。

其次,中国的播音员主持人作为一种公众形象,不仅仅是生活中的"本我",而且是经过筛选的"自我",是"我"的优秀部分,同时还是所在广播电视媒体的代言人。因此,播音员主持人在生活中的形象应该和媒体形象相吻合,做到言行一致,在生活中追求真善美,服务社会、热心公益,具有良好的公众口碑。而不能做两面人,破坏媒体形象。

5 思维方式的个性特征

思维是人类特有的一种精神活动,是从社会实践中产生的。由于社会历史、文化、经济等的发展不同,东西方人的思维方式也存在着很大差别。一般认为,西方人运用发散性思维、逆向性思维、自主性思维、跳跃式思维比较多,而在中国人当中,定式性思维、排他性思维、惰性思维占主导地位。

在美国,一位主持人在节目中出了一道题:"8 减 6 是 2,8 加 6 也是 2,有这种可能吗? 请给以证明"。一名男生站起来作答:"数学上,8 减 6 是 2,但 8 加 6 也是 2 却是不可能的。但是,一个明显不可能的问题作为可能被提出来,肯定有它的可能的因素,所以,数学上既然没有这种可能,生活和自然中肯定有这种可能,譬如,上午 8 点的 6 个小时之前是凌晨 2 点,6 个小时之后是下午 2 点。"

可见,我们应该努力突破固有思维方式,激发创造性思维,以一切皆有可能的理念观察世界、理解世界,在节目内核、节目形态上进行大胆突破。

6 表达方式的个性特征

中国的传统文化向来注重人与环境的和谐统一,即"天人合一",主张国家利益高于一切,个人利益必须服从于国家利益和社会利益,人只有在"和谐"中才能保存自我,并在"中庸"中求发展。这样的社会伦理原则深入人心。

中国的播音员主持人有着不可推卸的传播优秀文化、教育社会民众的责任。因此,相较于西方主持人对个性的追求,中国的播音员主持人则更注重表达中的教育性、人文性、准确性,在观点的表达中注重舆论导向,在嘉宾和观众的现场互动时,尽量回避尖锐的矛盾和冲突,强调困惑的解决和心态的调适。

7 对播音员、主持人的几个误读

(1) 误读之一:"播音员主持人应该是年轻的"

尽管中国的第一位电视主持人沈力老师开始"主持"的时候,已经 50 岁了,但"主持人应该是年轻的"观念,仍然是很多人的"共识"。

有些广播电视专家、学者甚至认为"主持人是吃青春饭的"。早年,在很多电视台的招聘简章上,其它的专业岗位,都要求"全日制本科毕业以上学历",而唯独主持人却允许放宽到"专科学历亦可"。这显然是对播音员主持人这一职业的误读。而睿智且成功的主持人白岩松,却在 30 岁左右的年龄时段,就发出过"渴望年老"的感慨。

并不是否认年轻人也可以从事播音主持工作,事实上,年轻人是播音员主持人队伍中的主体力量,而且很多人都取得了骄人的成就。但必须认识到,播音员主持人并非年轻人的专利,甚至可以说,主持人应该更多地让那些有较丰富采编经历的"已不太年轻"的播音员主持人、编辑记者来担任。在广播电视业起步比较早的欧美国家,新闻主播基本上都实行主持人中心制,在荧屏前担任主播的很少看到年轻人的身影。

在我国,尽管现在走上播音主持岗位的人已经越来越"专业"化了,但是,刚刚走出校门的学生们,还是很难马上适应广播电视媒体对播音主持岗位的要求,因此现在很多广播电视媒体都要求新入职的播音员主持人先从编辑记者岗位做起,具有几年的采编经历和新闻阅历,再进行播音主持岗位的出镜选拔。只有打好了这样的基础,年轻的播音员主持人才有可能做好"接力赛中跑最后一棒"的那个人。

(2) 误读之二:"播音员主持人应该是足够漂亮的"

电视台的管理者常常会自问:"咱们这么大一个城市,难道就找不出几个漂亮的播音员主持人吗?"由于电视媒体大都是家庭观赏的特性,人们是在家里"看见"播音员主持人的,所以不把播音员主持人当"外人",人们关心、探讨播音员主持人的相貌,无可厚非;再加上播音员主持人的形象在一个四四方方的屏幕中,任何的优点缺点都会无形放大,屏幕里所呈现的蛛丝马迹都会清晰可见。但是,播音员主持人真的只需要漂亮、美丽,令人愉悦吗? 回答是,播音员主持人只需要具备"平均的漂亮"就足够了。"过分的漂亮"和"过分的不漂亮"都会适得其反,构成受众对节目内容接受的障碍。

很多人会拿挑选演员的标准来比照挑选播音员主持人,还不太了解挑选演员和挑选播音员主持人的根本区别。演员"演"的是"别人的生活",是特定角色所提供的特定的生活。而播音员主持人永远是"演"自己,是不能"弄虚作假"的,尽管播音员主持人要想"演"好自己这个媒体角色也需要借鉴类似表演的技巧和方法。

从某种意义上说,人们观赏戏剧、电影,观看剧中这些"漂亮人"的生活片段和跌宕人生,观众会在那些俊男美女的表演当中,获得生活的乐趣和动力,是完成一次造梦的过程,是"离开"生活本身的;而观看播音员主持人在电视上"自说自话",仍然是在"生活本身"之中,人们需要在这一观赏过程中获得各种各样的信息,要求的是真实感和信任感,而真实感、信任感和是否足够漂亮没有多大关系。

(3) 误读之三:"播音员主持人应该是多才多艺的"

人们经常看见播音员主持人在电视上"表演"其本职工作以外的才艺,尤其是表演歌唱、舞蹈方面的"才艺"。

播音员主持人多才多艺当然不是坏事,比如上海广播电视台的传统节目《我和春天有个约会》,就是每年春节期间邀请播音员主持人一展歌喉;上海东方卫视的《妈妈咪呀》也曾邀请了一些很有歌唱天赋的播音员主持人现场为参赛选手助唱,起到了很好的剧场效果。

可是播音员主持人的首要工作是"说话",首先把"说话"练利索了才是我们的本分。白岩松曾经在一个场合说,他希望自己明天能够用 20 个字表达清楚今天用 50 个字才能表达清楚的意思。

不能否认,不少优秀的播音员主持人具备多方面的艺术修养,而且我们也提倡播音员主持人不妨多掌握一两手"才艺",所谓艺多不压身,这对于提高播音员主持人业务素养的好处也是显而易见的。但是,这并不是说播音员主持人必须具备"才艺"。因此,作为选拔播音员主持人途径之一的大赛,大可不必非要设置"才艺展示"这样的环节。有时候,优秀的播音主持人才很可能就在这个环节"马失前蹄",从而无缘入围。

感 悟 与 思 考

1. 融媒体时代,播音主持专业学生的危机感是什么?

2. 播音员主持人尊重受众的原则有哪些?

3. 你怎样看播音员主持人的年龄特征?

第二讲

播音与主持职业现况

第一节　播音与主持的职业危机

1 播音与主持的危机之一——人才竞争与市场变化

(1) 人才、职业竞争

播音员主持人队伍发展到今天,已开始进入了"平台期"。"平台期"的负面表现主要源于两点:一是理论的"枯竭",需要充电;二是播音与主持职业生涯越来越短,广播电视已经不是发展的高峰期了,频率、频道、栏目太多,人员太多,节目形态多种多样,用人机制和创作主体也已由单一向多元化转变,播音员主持人的身份状态也呈现出多元化的情形。

从 1994 年以来,全国播音员主持人队伍在不断加强、扩大,层次也有所提高,应该说中国的广播电视已不算太年轻了,但是仍旧给人十分稚嫩的感觉。播音员主持人也很年轻,而更年轻的后来者正扑面而来,潮水般地"涌入"广播电视播音主持领域。在"供大于求"的今天,播音员主持人竞争力堪忧。

(2) 市场、机制变化

20 世纪 70 年代末 80 年代初,考上大学就意味着城市户口、干部身份,毕业分配,有着稳定的月薪。

改革开放后,社会多元化了,成功的途径多了,成功人士所获得的奖励也是过去一代人不能想象的。但是,2013年开始,刚刚走出校门、远离家庭、开始工作的毕业生就被称为"断奶族"了。"断奶族"表示收入低、工作累、生活压力大。但相比生活压力,他们在就业过程中遭受的曲折、对生活前景的不确定,更深化了他们的不安全感。

刚踏入社会的"断奶族"对社会的适应能力还不强,又处于思想最活跃的时期,是具有反叛精神的一个群体。过去,播音员主持人全都是广播电台电视台的事业编制正式员工,现在已经有相当部分制播分离到了公司、企业中成为企业编制员工。外聘员工大量增加,而且所占比例会越来越大。过去广播电视节目都由广播电台电视台独家制作,现在很多都是同社会机构合作,或者是购买社会机构的节目,这部分节目的比例也越来越大,而且其中出声出镜的播音员主持人大多数是社会机构所聘。

2 播音与主持的危机之二——急速发展的网络时代

从2011年春节开始,传统电视开机率就下降了半个小时,而网络电视IPTV收视时长却增长了1个小时。2010年电视观众人均收看电视剧为32分钟,而网络观众单次人均收视电视剧却达到了3.5集,时长超越了传统电视。近些年随着互联网短视频平台的崛起,网络直播进入"3.0时代";更有"元宇宙"作为下一代互联网的发展形态在扑面而来。

曾经广播大喇叭和半导体收音机所引发的幸福感和满足感,"向阳院"集体收看电视的"痛"并快乐着,现在的人们已经无从感受了。现在人们关注的是:未来媒介技术的更迭和融合是否将大大改变人们的生活并对传统媒体造成巨大的冲击和挑战。

传统广播电视广告收入下降是不争的事实,新媒体广告收入增长明显,持证及备案机构网络视听收入持续增长,已经成为广播电视行业发展的生力军。

3 播音与主持的危机之三——广播电视受众在变老

据相关的统计数据显示,2016年的时候,电视的开机率是70%,但是2021这组数据变成了27.7%。来自中国和美国的两份调查数据显示,年轻一代正在兴起"不看电视族",电视机对于热衷手机和 Pad 的他们已经可有可无。国内调查机构艾瑞咨询的数据显示,中国人观看电视的时间在逐渐减少,电视观看人群的年龄结构也开始"老龄化",主流人群已在 40 岁以上。

早些年,美国广播公司(ABC)、福克斯新闻社(FOX)和全国广播公司(NBC)基本上不关心超过 50 岁的受众。然而,现在情况再也不是如此了。现在这些电视网络和哥伦比亚广播公司(CBS)的受众的年龄中位数就是 51 岁了。二三十年前,各电视台为了迎合更新、更时尚的东西而抛弃老节目。但现在他们却不大愿意丢弃一些成功的老节目,因为在财政上造成的风险太大了。

国际知名调查机构尼尔森同期发布的针对美国人的调查也显示,虽然看电视仍是美国人首选的消遣方式,但年轻人收看电视的时间正在逐步下降,18 岁至 34 岁的美国年轻人每天收看电视的时间都短于平均水平,即"年龄越小看的越少"。这些年轻人更倾向于在电脑、Pad、手机等其他终端收看节目。因此有人尖锐地提出:"再过几年,电视会不会消失?"

4 播音与主持的危机之四——"狼"真的来了

2000 年 4 月 19 日晚上,伴随着略带大西洋中部口音的甜美女性嗓音,一位绿发大眼、年轻貌美的网上虚拟新闻播音员出现在网络观众面前。世界上第一个电脑制作的网上虚拟的新闻播音员在自己的网上首次播报了 2 分钟的开播通告。这个"安娜诺娃"就是虚拟播音员主持人。

于是就有人预言,不久的将来全国数万名播音员主持人都要下岗,取而代之的是"安娜诺娃"。这个"安娜诺娃"是英国报业联合会新媒体公司在硅谷的支持下,历经 9 个月研究,经电脑三维动画制作而成的虚拟新闻播音员。英国报业联合会认为,安娜诺娃有足够的魅力既能博得女性的欢心,也可以获得男性宠爱。这可是绝对的高科技结晶。安娜诺瓦拥有人类的各种表情,又有一张巧嘴,天下大事无不知晓。与一般的新闻播音员不同,她不会闹绯闻、不用休息、不会生病,总而言之,十全十美。而且更重要的是,她永远不会老。

当时大家认为这是商业炒作。但也意识到,"安娜诺娃"将来可能会对传统的播音员主持人带来某种冲击和挑战。因为人们不能否认,科技的进步和时代的发展,确实会影响到未来的播音主持样态,这种影响,确实将会直接或间接地作用于播音主持艺术的发展趋势。但更多的人,对科技抵达彼岸的发展速度和时空概念还比较模糊,觉得真的"狼"离自己还有相当距离,而没有紧迫感。

2015年,第四代计算机人工智能汉语普通话语音模拟系统,就已经开发出来了,并在许多地方运用了,它比"安娜诺娃"在语音识别和模拟方面已经强了许多倍。播音与主持界的有识之士,开始感受到"狼来了"的生存压力。

(1) 移动互联网新媒体时代的到来

播音与主持界经常议论播音与主持职业生涯寿命长短的问题,有不少人担心播音与主持工作是吃青春饭,职业生涯期缩短。于是,有识之士开始着力于延长播音主持职业生涯的转型、转换问题的研究。

那么,经过这些年的努力,我们的播音主持工作真的已经跨入"墨水瓶"时代了吗?当我们的播音员主持人还没有真正转换成功的时候,又要开始职业生涯中的蜕变了——在新媒体冲击下播音与主持工作面临新的挑战。

电视移动短节目将成为常态,让移动状态中的人们可以享受到时长五分钟以内的节目,为适应屏幕小、移动收受的特点,手机广播快捷、短暂、随意、专享的特征,使它成为一种"短、频、快、用"的媒介文化,这种移动性削减着传统媒介的中心位置,改变了受众的消费环境和模式,从客厅走向了无处不往的移动空间。在这样的形势下,我们的播音员主持人必须改变思维了,形象思维和逻辑思维都要适应这个时代。

(2) 时代要求改变思维的大棋局

撤销中央电视台(中国国际电视台)、中央人民广播电台、中国国际广播电台建制,组建中央广播电视总台。消息一出,对整个社会来说无疑是一颗震撼弹。"中央三大台"的合并,明显并不局限于"合并"本身,背后还有一盘大棋要下。

从历史渊源看,三大台原本就是一家,他们都源于延安时期的新华通讯社。那时的新华广播成了后来的中央人民广播电台;新华广播的外语节目

（英语、日语）成了后来的中国国际广播电台；1958年，中央广播事业局创办了北京电视台，1978年这个北京电视台又分家成了今天的中央电视台和隶属北京市的北京电视台。

早在2001年，当时的广电总局就设立了中国广播影视集团，将"中央三大台"囊括进去。这个巨无霸在当时引起的震撼可想而知。这次"中央三大台"合并，与20年前不可同日而语。无论是制度设计、组织保障还是执行能力，都可谓恰逢其时，步步为营。

当前，央广、国广都拿到了互联网电视牌照，并运营自己的电视业务。现在，中央广播电视总台的成立，一方面致力解决职能交叉重复的问题，重在提升媒体运作效率。另一方面，也将新组建的中央广播电视总台从广电总局的机构中独立出来，作为国务院直属事业单位。

（3）传统媒体的颠覆性创新

曾有很多人以为移动互联网只是对传统媒体的补充，可事实上却是一场革命。移动互联网绝非传统媒介的一种补充形式，它已经开始全面地颠覆传统媒体的理念、模式与市场，整个传媒业格局正在进一步演变，而第一个受到重创的就是平面媒体——纸媒。

在这一演变面前，我们广播电视需要的是冷静的思索，认真的行动，不是什么"延伸平台""为我所用"，不是什么"发布飞地""有机互补"，也不是尝试，更不是抗衡，而是传统媒体的革命，是要"凤凰涅槃"成为移动互联网新媒体。移动互联网新媒体不只是传统媒介的一种延伸，更是一种超越，是一种颠覆！

5 传统媒体面临的发展变局

（1）传播模式变了

各种新媒体形态出现后，首先带来的就是传播模式的革命。传播模式正在从单向性、封闭性、传媒主导性、内容同一性的广播电视模式，变革为双向性、开放性、用户主导性、内容个性化的定制模式。

(2) 渠道变了

传播渠道发生了改变,从传统的媒体渠道,发展为多终端、多平台、多入口、多应用等各种渠道,受众拥有了极大而丰富的选择。移动终端已经成为第一主流媒体。

(3) 受众变了

移动互联网将传统传媒的渠道垄断打破了,用户的自主性极大地张扬,人人拥有自媒体。因为内容极大丰富,所以眼光更挑剔了。由于网络时代各种媒体选择空间很多:主流媒体之外各种网站、博客、微博、移动 app,使得受众更加分散化、多元化、小众化、圈子化和部落化,人人都在各个圈子里传播和寻找自己感兴趣的信息。

(4) 内容变了

网络时代,内容的呈现也发生了巨大变化,超越了单一媒介的形态限制,集文字、音频、视频、图表于一体的富媒体数字信息成为标配,能提供跨媒体聚合的多元信息,实时相关多维的网络超链接信息支持更受青睐;内容的个性化、及时性、互动性、创新性更受追捧。

(5) 经营模式变了

越来越多的企业开始在社交网络上进行营销,网上用户行为大数据应用,使个性化广告推送,越来越被广告主和用户所青睐。对于广告主来说,由于内容被精准的定位给了目标受众,那么他们的广告费就从"浪费了一半"走向了"精准投放"。

(6) 生产方式变了

数字时代,过去被"人"垄断的新闻采写和内容制作,现在计算机软件根据大数据智能化、高效率地写作新闻成为新潮,尤其是在需要大量数据分析且写作格式相对固定的领域,如经济新闻,大数据技术将成为未来重要的生产方式。

传统广播电视媒体是受众来找新闻,网络时代却是新闻去找受众! 这就是颠覆！

6 播音员主持人必须适应移动互联网新媒体时代

（1）播音员主持人怎么转型

现在没有人再会否认互联网和人工智能对播音与主持的冲击了。

有一种说法，"一线卫视的当家播音员主持人开始'偏爱'转型幕后了"。究其原因就是：播音员主持人的"风格固化"以及节目主持人的"功能越来越边缘化"。言下之意，播音员主持人如果不能给移动互联语境下的节目赋予新的能量，他的留存就会形同鸡肋。

"新冠"肺炎席卷全球之后，"带货"成为网络上流行起来的新词语。自从李佳琦作为特殊人才"落沪"后，大家对于"带货网红"又多了一些向往，这已经不仅仅是一个高薪职业，而是一项被认可的职业技能。而"带货网红"又有新认证，这一次来自国家人社部。"带货网红"成为正式新工种。"互联网营销师"职业下增设了"直播销售员"，这意味着李佳琦们终于也有了正式的职业称谓。

成为广播电视主播很容易，成为网络新媒体"李佳琦"很难。虽然人人都想成为"下一个李佳琦"，但这几乎是一个很难实现的目标。在"OMG"和"买它买它"还没传遍全网的日子里，李佳琦也曾经历长久的低潮期。李佳琦在成名之前是欧莱雅的一名专柜销售员，通过一家艺人网红孵化服务平台美 one 与欧莱雅合作的关键意见领袖即 KOL 选拔计划成为一名带货主播。

据 BOSS 直聘发布的《2020 上半年直播带货人才报告》数据显示：2020年上半年，"直播经济"业态主要岗位的人才需求量达到 2019 年同期的 3.6倍，涌入行业的求职者规模也达到 2019 年同期的 2.4 倍。但带货主播的平均月薪为 11220 元，同比下降了近 2000 元。71%的主播月薪收入在 1 万元以下，每天工作 10—12 个小时是生活常态。面对这样超负荷、低回报的生活，你准备好了吗？

据不完全统计，我国目前从事网红相关业务的企业有千余家，其中超过一半的企业成立不足三年。所谓的繁荣，其实暗礁纵横。对于风口，飞起来的永远都是刚好站在那里的人，而不是跟风者。如果注定无法成为李佳琦，你还要做带货主播吗？

然而，置身于网络的媒介文化中，这样的用户黏性和感召力，同样是很多主持人孜孜以求的，以至于很多主持人在媒体融合实践中，也跃跃欲试，意欲成为移动互联网时代新的"网红"。那么主持人真的会和传统媒体一样日薄西山？又如何应对融媒体时代而实现转型呢？在回答这个问题前，我们先分析一下主持人的底层逻辑。

主持人是大众传播时代观众的"朋友"。开宗明义，节目主持人就是大众媒介的产物，节目主持人和"网红"是两个不同的概念。

20 世纪 70 年代末，我们看到的电视节目，基本还是电影的延续。那时候，电视上只有播音员，还没有节目主持人，节目只讲信息传播，还不太在意传播策略和效果。随着电视业的发展，以及境外传媒理念的引进，节目主持人开始被引入节目传播中。这样，冰雪高冷单向传播的电视，开始有了"人格化传播"和"人际交互"的特征。从国外引进的"大众传播学"里，有一个著名的"霍夫兰学说"，认为"传播对象喜欢传播者，就很可能被说服"，这可以被视为"大众媒体引入主持人"的理论来源。

比如沈力的《为您服务》、肖晓琳的《观察与思考》、赵忠祥的《九州方圆》等，这些主持人主持的节目，都曾在 20 世纪 80 年代风靡一时。

不仅如此，随着节目主持人在节目中功能的凸显，一些"非常态化的纪录片"，也开始引入"主持人"的角色，比如焦建成的《望长城》、陈铎、虹云的《话说长江》等等。

作为大众传播，电视节目要和观众建立持久的传受关系，最灵验的一招就是保持持续的互动，于是我们看到很多主持人纷纷将观众唤为"朋友"，即使是严肃权威的中央电视台《新闻联播》，也概莫能外。

大众传播被赋予"人格化传播"的特质以后，节目主持人也不再是以往"播音的机器"，仅仅追求字正腔圆，形象完美，而是务求鲜明的说话主体，统一的沟通对象，以及连续的情感基调。比如像董卿的《朗读者》、白岩松的《新闻 1＋1》等。

谁是用户的朋友？不是主持人是数据。由于互联网和人工智能技术构建起的天然连接，比如直播互动、弹幕评论，以及算法推送等，弱化了视频节目中主持人的连接功能。那么，在这样的技术语境下，是谁取代了节目主持人,成为观众新的"朋友"呢?一言以蔽之,是数据。因为只有数据才真正了解观众喜欢什么,在什么场景下喜欢。而对于数据的获得,一条成功的经验则是越有鲜明的人设,就越能沉淀用户并获取数据。由此,那些仅仅作为和观众人格化连接的各类节目的主持人,随着传统电视的式微将陷入困境,他们在互联网海量内容面前,将无计可施,只有独具一格或富有创意的人,才能让他们脱颖而出。

互联网打破了大众传播的逻辑,而裂变为社群传播的逻辑。大众传播时代的节目主持人如果没有"这一个"的特定人设,显然就会淹没在茫茫人海中,而无法凝聚起属于他的社群。可以说,社群是人格化的群体,更是人设化的产物。就移动互联网语境下的视频节目而言,人设中的"人",已经不再像传统意义上的节目主持人那样,仅仅串联节目、调度节目、渲染节目效果,而需要成为传播的主体,并通过持续不断地跨平台曝光和作品塑造,让用户建立对这个"人"的共同认知和想象。

(2)新媒体环境中播音员主持人的核心竞争力在哪儿

外部环境改变了,播音员主持人还能守着传统媒体不变吗?

在新的媒体环境中播音员主持人的核心竞争力在哪儿?播音员主持人自己与自己竞争的资源在哪儿?同业竞争的优势资源在哪儿?播音员主持人能否以多元化的能力去强力突击一个方向?播音员主持人有多少影响力?能挣得多少广告?这是播音员主持人现在必须思考和解决的问题。

在一段时间内,传统的广播电视作为传媒载体还是能够存在的。但是,播音员主持人应该问问自己:为什么我们不可以是新媒体呢?在目前广播电视传播方式下,你如果能够作为一个优秀的内容提供者,那么仍然是有价值的,还是大有发展空间的。这里的问题是,播音员主持人的存在价值在哪儿?播音员主持人做好产品了吗?播音员主持人有个性魅力吗?有创作激情吗?

上海广播电视台前些年就已经在非常认真地研究节目创新的体制架构和节目研发思路了,播音员主持人怎么在这种新架构、新思路中占有一席之地呢?播音员主持人有没有占有一席之地的竞争力?

我们的传统广播电视已经接触了一些网络平台,但是,它只是一个基于电信宽带上的交互平台,还只是在传统媒体和互联网这个空档中抓住了一点机遇,但它还不是移动互联网新媒体,其实还是居于传统媒体。所以,现在的播音员主持人必须纠结两个思路:一个是"借鸡下蛋",利用互联网平台用传统媒体的思路去经营,就如默多克的新闻集团 2005 年收购了美国最大的社区网络 myspace("我的空间");另一个是"开发平台",自己做马化腾,去做 PC 端互联网和移动互联网,这是个还没有成功案例的事情。

移动互联网新媒体时代已经到来,现实就是这么残酷。我们的传统媒体的整个基础设施在发生裂变,若干年之后,你不是站在传统这边慢慢沉默,就是在一个新的平台上重新成长。播音员主持人作为一个内容的创新者,你不适应互联网,你不懂得使用移动互联网,你就没有前途,这就是对播音员主持人最大的挑战。

(3) 什么是移动互联网新媒体的播音员主持人

互联网新媒体时代,广播电视新媒体应最具核心竞争力,它的采编和播出团队,尤其是有声语言传播的主要承担者播音员主持人是最具优势的。播音员主持人不但有品牌影响,有能力将独家新闻和重大事件在第一时间做权威发布,还能在有设备保障、机制顺畅的情况下,最快地进入和实现多媒体信息采集、编辑、录制、控制,直到播出。

什么是移动互联网新媒体播音员主持人呢? 如果做一个简单概括的话,大致可以这样表述:

代表群体观念,以有声语言为主干,以新媒体用户为传播对象,以新媒体文化环境下的思维方式,利用网络电台、网络视频、手机视频,采用带有新媒体特征的播音与主持方式,进行具有人际传播特性的大众传播的视听播音主持者。

网络平台的传播可以实现无限延伸,也就决定了播音员主持人的工作范围可以随之而延伸。不久将来的广播电视媒体必定要成为移动互联网新媒体的主体,必定要实现自己的网络平台。我们必须认识到,相当大的一部分受众已经从文化消遣转为文化消费,这就要求从培养播音员主持人开始,除了语言基本业务上的扎实,在知识架构、分析能力、综合能力、媒体视野上都要有大幅度上的提升。

第二节 播音与主持的岗位困惑

在当下中国,播音员主持人的地位受传统媒体式微的影响,遇到影响力下降、经济收入下滑、新媒体挤压困局等诸多方面困扰。广播电视传统媒体的播音员主持人的岗位现状有以下一些新的情况:

1 认同危机

播音员主持人长久以来被视为时代变迁的传播者、社会公义的承担者、社会的良心,甚至冠以"媒体门面"的称呼。但由于互联网带来的新媒体的冲击,特别是自媒体如雨后春笋般兴起后,媒体竞争空前激烈,播音员主持人的职业光芒面临着社会认同的危机,如何去影响互联网年青一代成为广播电视播音主持队伍的新课题。

2 岗位焦虑

另一方面,传统媒体转型带来的挑战,给播音主持人员也带来了超负荷的工作压力。不仅要做传统媒体的节目内容,而且要占领新媒体市场,学习用新媒体语言进行二次传播,这些岗位要求,导致从业者职业倦怠。职业倦怠,是指播音员主持人个体在工作压力下产生的身心疲劳与耗竭的状态,是播音员主持人个体不能顺利应对工作压力时的一种极端反应。职业倦怠已经成为播音员主持人面临的一个亟待解决的问题。

一项调查显示,播音与主持群体整体上工作强度较大。54.6%的人每天工作8—10小时,33.3%的人每天工作8小时以下。多数人认为当前播音与主持工作的竞争程度较大。74.4%的人认为当前播音与主持竞争程度"很高"或"非常高",认为"较低"或"非常低"的不到10%。

收入水平不高导致生活压力大。广播电视媒体从业人员不仅要承受很大的工作压力,而且要面临转型期媒体收入不高的生活压力。目前,大多数播音员主持人的收入来源主要是"低底薪＋奖金",底薪又有按工作年限的区别,播音员主持人的主要收入源于超工作量后获得的奖金,所以想要提高收入就要想方设法地多播出节目，无形中又加大了工作压力。

职业归属感下降。广播电视播音员主持人的流动性被调侃为"铁打的媒体，流水的播音与主持"。经过多年的广播电视传媒业的市场化改革，广播电视传媒业"铁饭碗"的观念已经被彻底打破。对于"您估计自己会在广播电视台工作多久"的问题，近半数的人还在今后的职业选择中徘徊不定没有拿好主意。1/3 人表示将会再干很多年，只有 1/10 的人希望能在播音与主持行业一直干到退休。这同其他事业单位工作人员多数人期望干到退休的想法是显著不一样的。

3 岗位窘迫

播音与主持从业人员经济、工作压力大，健康状况堪忧，职业归属感缺乏，高达将近一半的人觉得自己"疲惫"或"很疲惫"，仅有两成不到的人表示自己"充满活力"，其余人觉得"还可以承受"。

随着传统媒体生存压力的不断增大，节目平台和节目制作大量萎缩、减少，一批播音员主持人面临转岗或者待岗的尴尬现状。

在这样的情形下，一些播音员主持人只能另谋他位。辞职、跳槽在年轻播音主持人员中不时出现。一些人徘徊在理想与现实的十字路口，既渴望丰厚的物质利益，又怀抱播音与主持工作者的"职业理想"，于是脚踩两只船，在传统媒体保持一个岗位，在新媒体开始尝试新的平台。当理想遭遇现实的窘迫时，原来头顶的王冠便已失去了光芒。

第三节　播音与主持的职业规划

大家在电视上看到了一位栩栩如生的女主播！怎么看都像一个真人！是不是非常惊艳？如果不是专门解释，她极有可能被认为是真人！这名女主播就是在 2019 年全国两会报道中正式上岗的人工智能合成女主播。

2019 央视网络春晚，撒贝宁携手"小小撒"一同亮相在舞台！两人的相似度极高，而且"小小撒"还几度抢了撒贝宁的台词！"小小撒"只需撒贝宁等主持人的面部扫描和半小时的录音数据，即可生成形象和声音模型。有了声音模型后，任何输入的文字都可以用撒贝宁的声音读或唱出来，甚至有中日英韩四种语言。

科学的发展太快,太惊艳了! 我们的播音员主持人怎么办? 我们应该怎样设计我们的职业生涯? 到目前为止,播音员主持人的职业生涯规划还是应该从"自我修炼"开始。有一句老话,叫作"师傅领进门,修行靠个人"。

1 播音与主持职业生涯规划从自我修炼开始

庞大的播音员主持人队伍中,既有"科班"出身的,也有"半路改行"的。但是,不管专业背景是哪种情况,他们都在承担着广播电视传播的重任。然而,播音员主持人当中的大多数人,对于"修炼"的概念还是比较淡漠的,"自我修炼"就更难了。有组织安排的一些学习培训,那种十分渴望、十分珍惜的景况,也很难见到了。甚至对一些专业非常需要的基本功,也很难坚持不懈地练习了,更不要说我们一直秉承的传统艺人们所说的"拳不离手,曲不离口"了。

有些播音员主持人真的已经完全具备了从事播音与主持工作的一切条件了吗? 绝不是,而是一些客观原因和主观原因使他们忘却了"修炼",长此以往,完全失去了"自我修炼"的概念。

对于从事播音与主持艺术创作的人来说,不管是谁,"修炼"都是十分重要的。"台上一分钟,台下十年功""宝剑锋从磨砺出,梅花香自苦寒来",都是从不同角度说明"修炼"的重要性。对于播音员主持人来讲,需要"修炼"的内容很多很多:从文字撰写到语音面貌,从语言表达到对节目的掌控,无不体现着播音员主持人广博的知识、敏锐的观察、准确的分析判断等诸多方面的能力。

2 播音员主持人只有不断修炼才能成功

不管是"科班"还是"半路出家"的播音员主持人,都有继续"修炼"的必要,也都是可以修炼成"正果"的。

上海广播电视台的播音主持艺术家、全国金话筒奖获得者张培,并非完全意义的科班出身,早年曾为云南军区部队文工团的演员,从部队转业到上海人民广播电台才开始从事播音与主持工作的。张培始终锲而不舍地充实自己,如饥似渴地修炼自己,因此她自然、庄重的主持风格和圆润亮丽的嗓音深受上海听众、观众的喜爱。

2004 年,张培在接受媒体采访的时候曾经表示:当一名优秀的节目主持人,生活积累很重要。我想多积累一点,包括积累体力。我有一个梦,将来白发苍苍地重新出现在荧屏上的时候,对各种问题的理解会更深刻,对不同的事物会更宽容,目光也会更慈祥。

中央电视台新闻播音艺术家李瑞英认为:面容外表是容易改变的,关键是练内功。播音员首先要隐退自我,不要有表演欲。有的播音员每次播音前总想着今儿该换哪件衣服,化什么样的妆,这样就会分散注意力,影响播音质量。有一阵子,播音员时兴戴耳环呀、项链呀什么的。有的观众就来电话问,某某播音员的耳环项链挺漂亮的,在哪儿买的?这就干扰了观众注意收看节目的内容。后来播音员就都不戴那些零碎了。再有就是要自然、生动、明快,比如有位主持人,工作时,总想着眼神该怎样,语气该怎样,刚开始观众很喜欢她,后来就觉得她太做作,不像是在播音,而更像是在演戏。再有是要有自己的特点,不要一味地模仿。"

中央电视台新闻播音艺术家海霞说:"播音是我的最爱,工作以后,感觉越来越强烈,认识我的人说我属于竞赛型,到比赛场上就很兴奋。做节目的时候往往是我状态最好,也是最兴奋的时候,所以我感觉这份工作已经成为我生命中的一部分。"

"半路出家"参加播音主持工作的人,同样可以大有作为,如:上海人民广播电台播音主持艺术家、播音指导范蓉教授。1968 年进入上海人民广播电台从事播音主持工作。她立誓尽快使自己成为真正的内行,因此刻苦学习不断"修炼"成为她唯一的成才途径。最终修炼成了非常规范的语言基本功和十分雄厚的专业能力,是上海人民广播电台的骨干级播音员,深受听众的喜爱。

范蓉教授 1989 年开始主持的《范蓉时间》是上海人民广播电台最早的主持人节目之一,被收录 1990 年编撰的上海文化年鉴。后又主持过《人到中年》等节目,在听众中有广泛影响。除了播音和主持节目以外,还承担了一定的播音主持教学工作。1982 年,范蓉教授曾被调派北京广播学院(中国传媒大学的前身)任教,参与中国播音主持理论的创立。1990 年,应邀赴"浙广"讲学。退休以后在上海视觉艺术学院继续从事播音主持艺术专业方面的教学工作。范蓉教授的播音和主持作品及专业论文,在国家级的全国优秀播音主持作品及优秀论文评比中,多次获得一、二等奖。

播音员主持人要想尽快使自己成为真正的内行,刻苦学习不断"修炼"是唯一途径。播音员主持人最忌讳"只做了几天的播音主持工作就认为自己是行家"的自以为是。取长补短,去粗取精,去伪存真,由此及彼,由表及里是播音员主持人"自我修炼"的最佳途径。

3 播音员主持人应该承担独特的社会责任

播音员主持人的道德修养、价值取向等都会通过自己的一言一行、一举手投足、一笑一颦表现出来的。播音员主持人有较高的道德修养水平,有较完美的人格境界,那么,就能够以自己的人格魅力去感染受众,使受众在潜移默化中接受播音员主持人的引导,以此来带动整个社会道德水准的提高。反之,如果播音员主持人在节目中的表现不符合整个社会的道德要求,表现出低级趣味的倾向,那么他不仅破坏了自身的形象,而且会受到有辨别力受众的唾弃。

4 播音员主持人职业生涯的终止与暂停

让一个播音员主持人结束职业生涯,是有着多种原因的。最常见的有这么几种情况:

(1) 年龄

年龄似乎是一种不可抗力的因素。做了一些年的播音与主持工作,变成了一个老面孔,年纪没到退休年龄,可又有新人加盟到你所在的广播电视媒体,他(她)更鲜活更靓丽,也让受众有了新鲜感。所以,这个时候,老一些的播音员主持人的职业生涯,就这么轻易地被迫终止了。

其实年龄只是一个说辞,并不是终止职业生涯的真正原因。真正的原因是播音员主持人对自己播音与主持的这档节目,已经无足轻重,是一个可以被人轻易替代的人。如果播音员主持人十分敬业,与领导、同事的合作十分融洽，节目又是以这位播音员主持人为核心而设置的，假若离开了这位播音员主持人工作就很难开展，这样播音员主持人就不会轻易被别人替代。

加一个新人，添一些色彩，改个版面，改变一下包装，并不一定会让原有播音员主持人离开；求变、求新也不一定影响原有的播音员主持人职业生涯。怕就怕，播音员主持人特别满足于现状，对自己的危机全然不知，还将大部分的精力，都用于播音与主持工作之外的事情上。

(2) 生活的变化

一个偶像级的播音员主持人结婚了……这种情况发生在女性播音员主持人身上更多。她漂亮的容貌、职业的光环，让她嫁了个成功人士，不巧，丈夫希望她做"全职太太"，于是她离开了成就她的广播电视节目主持人这个职业。

还有些播音员主持人结婚生子后，心思也以家为重了，不修边幅，不思进取，完全没了播音员主持人应有的状态。当被淘汰下来时，又很不甘心。其实，珍惜播音与主持这个职业，就能解决这类问题。要知道，播音员主持人的光环是职业给予的，因为离开了播音与主持这个职业，播音员、主持人就会变成找不到水晶鞋的"灰姑娘"。

成功拥有职业和家庭的播音员主持人并不少见，敬重自己的职业，才不会因为失去而后悔。

(3) 主管领导更换

新的领导，新的思路，节目一改版，过去播音与主持的那一档栏目没有了，新的栏目，换了别人。甚至给播音员主持人的感觉是，改版就是为了换人，就是为了终止原有播音主持人员的职业生涯，因此很郁闷。

沟通是唯一的解决办法，放下面子，勇于与领导沟通。不要觉得自己是名人，那是在单位之外的事，对于自己的主管领导，播音主持人员只是属下，不要觉得自己有名气、有资历、领导年轻，不屑于交流。人与人之间缺少了沟通，就会使误解变得更深。在许多时候，成功的交流与沟通会使播音员主持人重新拥有领导的信任。

有些播音员主持人进入这个职业,也许是带有一定的偶然性,工作之后又有了一定的盲目性,所以会缺乏职业规划,所谓"人无远虑,必有近忧",就是这个道理。

(4) 担任各级各类业务或行政管理工作

播音员主持人双轨制的推行,使一部分播音员主持人走上了管理工作的道路,担任了各级各类业务或行政管理的工作,完全脱离或部分脱离了播音主持工作。

吉林人民广播电台副台长、播音指导晨光(刘国才)教授,1976 年开始担任新闻播音员,1990 年主动尝试主持人节目;1991 年担任节目部副主任后,策划创办了东北三省第一个大板块直播节目,并担任重要时段的主持人,之后又开设和主持晚间谈话节目"长白夜话",大受听众的欢迎。1994 年晨光教授担任了吉林人民广播电台副台长,并兼任吉林省播音与主持学会会长。作为播音指导的他没有为行政工作所累,直到 2010 年退休前始终主持自己的专栏节目《读者在听》。

晨光教授还曾任吉林大学文学院客座教授,2003 年为该校撰写了教材《主持人的创作艺术》一书,并被特聘为研究生合作导师。2012 年受聘上海广播电视台播音与主持专业指导委员会委员,并受聘担任上海视觉艺术学院客座教授。

5 了解自己才能规划职业生涯

了解自己,并不是一件容易的事,一定要认真想想,自己有多么舍不得播音员主持人这个职业,失去了会怎么样,还要不断地做大胆的尝试,看看自己都能干什么,极限是什么。

一个播音员主持人能做到什么样,最适合播音主持什么样的节目,没有人会帮你想这个问题,播音员主持人一定要自己去想,自己播音与主持的方向是什么——新闻评论? 谈话节目? 娱乐节目? 体育评论? 法制节目? 还是综艺节目? 节目的样式是不是能发挥自己的长项? 打算做多久? 在大媒体里做? 还是自己创办公司? 先做什么,后做什么? 这些都要做周密的设想。

有些设想也许在以后会有所改变，也有很多不可抗的因素，让自己未能彻底完成长远规划，但播音员主持人一定要有自我规划，这样才有目标。对于更多的播音员主持人来说，要做的第一步是，自己要成为播音主持的那档节目的核心人物。

要想成为核心人物，必须要了解广播电视节目制作的全过程，了解每一个工种的作用，学会合作。广播电视，尤其是电视是"劳动密集型"媒体，一档节目要多人配合才能完成。不会协调各工种之间的关系，也不能成为核心。如果有独立运作媒体的打算，还要了解成本，人员成本和设备成本，了解广播电视节目的市场行情。

我国播音员主持人可以这样规划自己的职业生涯：播音员主持人→记者编辑→制片人兼播音主持→媒体总编兼播音主持。

第四节　播音与主持的就业现状

近年来，好像每年都是大学生的"最难就业年"，播音与主持毕业生就业也不乐观了。

播音与主持毕业生去广播电台电视台工作，是播音与主持艺术专业天经地义的教育目标。当然也是学生个人的追求。但是，这个专业的理想是不是也该回头再想想了？2018年新生代的网络广告营收就已经战平了传统广播、电视与期刊。2020年更是江河日下，传统广播电视广告收入下降，新媒体广告收入增长明显。没有办法指望广播电视百尺竿头更进一步，发展出更多的栏目和频道让播音与主持毕业生扬名立万。因此，播音与主持毕业生的传统择业习惯需要改变。

播音与主持毕业生除了广播电视播音员主持人岗位之外，还有哪些去路呢？比如网络主播：体育赛事网络主播、电竞游戏主播、语言教学类网络主播等。

比如，电视购物节目主持人也是一个选择。尽管它不是播音与主持艺术毕业生最为理想的选择，但是，你的语言传播本事如果真的很大，也一定可以把产品卖出天量。

甚至，可以直接给厂家做产品销售代理，学点营销知识，将几个适合自己的品类做精做透,带着产品去各个平台做销售。

当然,多数播音与主持毕业生很不屑以上的建议,所以,话还得说回到传统的广播电视里来。播音与主持艺术专业毕业生中当然有一开始就有幸坐进央视央广演播室的,但是,毕竟这样的拔尖人才很是稀缺,这样的岗位也很稀缺。许多人去各地方电台电视台发展,在这样的平台上,机会可能更多,锻炼更大,前途更可期待。

实际上,我们一直建议播音与主持艺术专业的毕业生,毕业伊始先下基层当记者,跟着老师们拿拿话筒线、拎拎机器、打打灯光,先学一些记者的基本功,在这个基础上学会现场报道的出镜出声能力,积累出相当的记者素养之后,再回到演播室当播音员主持人,那个时候,在编采播能力之上,打造出来的主编型播音员主持人,才是长远发展的王道。

目前看来,播音与主持艺术专业毕业生未来的出路,往往不是在传统的广播电视,而是在移动互联网新媒体。播音与主持艺术专业毕业生,自己做网络音频、视频来创业,也是可取的。

还有,在普通话的培训方面,也不失为一个方略,在中小学语文基础教育里,语言能力不达标准的学生很多,播音与主持艺术专业的毕业生可以去辅导孩子们正确的发音,艺术的朗读。

播音与主持艺术专业毕业生,带着满满的播音主持梦走进播音主持专业,四年后却面临择业的困境。如果你能换个角度多想想,也许会觉得条条大路通罗马,只要是口语传播的工作,它就应该是播音与主持梦在今天,可以大步践行的一条坦途。

感悟与思考

1. 怎样认识播音主持职业地位的变化?

2. 播音员主持人要树立新观念,找到自己合适的定位点,适应新需求;

3. 播音主持职业生涯危机的表现有哪些?

4. 你怎样设计播音员主持人的职业生涯?

5. 怎样理解职业生涯规划从"自我修炼"开始?

6. 为什么说时代要求播音员主持人必须改变思维?

7. 为什么说播音员主持人必须适应移动互联网新媒体时代?

8. 你怎样看移动互联网新媒体时代的播音主持职业生涯?

9. 你怎样规划自己的职业生涯?

第三讲

播音与主持创作观念

改革开放几十年来,各行各业都在讲"转变观念",与时俱进。那么,播音员主持人应该树立怎样的观念和理念呢?

第一节　创作中的道德观念

我们应该承认一个时期以来,中国社会道德状态的确出现了滑坡现象,有些事件强烈冲击着我们的道德感受。有些地方正不压邪,助人为乐却导致意想不到的麻烦,以至于少管闲事、明哲保身的观念成为一种社会风气;官员腐败、行业腐败常见报端;社会上下盛行表扬和自我表扬,真诚的批评与自我批评少之又少。

观念的形成需要培养,观念的培养需要教育。中国四十多年前的改革开放,就是从重视教育开始的。广播电视有着不可推卸的对社会教育、教化的功能。但如今广播电视的教育(教化)功能却被很多人否定了,一说到"教育",就好像是灌输、是教训,是意识形态为上。

其实,广播电视的教育、教化功能是客观存在,人们除了从广播电视里获得资讯和娱乐,还获得了很多的知识,教育、教化功能是广播电视与生俱来的,只不过,比较学校的教育它更加潜移默化、寓教于乐罢了。

曾任英国首相的撒切尔夫人,在谈到中国威胁论的时候,冷冷地说了一句话:"中国没有什么可怕的,他们可以出口电视机,但他们出口不了电视节目。"言下之意,中国经济发展了,但是在文化和价值观输出上还远远落后。

不得不承认，这话某种程度的确点中了我们的要害。

军旅作家王树增接受某个电视节目采访的时候，年轻的主持人突然问他一个问题，说："网上流传黄继光是假的，你作何评论？"，听到主持人这个提问，王树增顿时义愤填膺，他当即对主持人说："咱们停下来好不好？我跟你谈谈。我说三个理由，黄继光不仅是真的，而且还活着——他在我心里活着。"

王树增说："第一，42年前，我第一次穿上军装时，有幸是黄继光所在部队的一员。现在黄继光所在部队每天早上点名的时候依旧喊他的名字，我们的战士还集体答'到'！他永远活在我们这支英雄队伍之中。

第二，我为了写《远东朝鲜战争》这本书，勘察了很多战场。

第三，为了了解我的前辈，我尽可能多地采访了黄继光的上级、下级、亲友，甚至还有把他已经破碎的遗体从山上背下来的女卫生员。

王树增说："我说完了，孩子，现在你说你的理由。"那个主持人说："王老师，你别生气，我们是说着玩儿的。"王树增说："什么都可以说着玩儿，但是先辈、先烈不能说着玩儿吧？这个底线不能突破！"

每个播音员主持人应该去深思一个问题：世界上任何一个行业都有自己的行业道德，广播电视领域更是如此。广播电视机构有责任向受众提供制作精良的文化产品，同时保证其传播内容符合主流文化价值观、尊重社会的公序良俗、具有必须的人文关怀。

被称为"公众人物"的播音员主持人，当然应该遵守这样的行业道德。不能为了抓人眼球、吸引受众的注意力，就用那种嘲讽、质疑的方式玷污英雄先辈和道德楷模，以此显示自己"有思想""敢讲真话"，甚至以"讨骂""恶炒"来提升人气，所谓语不惊人死不休。这种对历史真实的肆意践踏，是对历史的无知，更是对善恶标准的践踏。

第二节　创作中的浮躁现象

在当下市场经济的环境中，浮躁是社会最普遍的心态之一。市场竞争越激烈，人们所受的诱惑也越来越多。同时，人们的思想观念和文化观念的转型，还远远落后于经济关系的转型，这是导致转型期社会心理浮躁的一个根本原因。

浮躁是一种传染性很强的社会现象,播音员主持人不是外星人,不可能不受大环境的影响。播音主持前辈们所代代传承的敬业精神、务实精神,在浮躁的大环境下逐渐受到减损。

某些播音员主持人在思想意识、价值取向上出现扭曲,把肉麻当时尚,把低级趣味当调侃,胡吹乱扯,随意发挥,只有在迎合中一闹为快的追求,缺乏寓教于乐的导向意识。某些人把名利放在第一位,却失去了创作作风上的严谨、人格修养上的把握,这些浮躁观念,不知不觉地渗透到了广播电视节目中,反映出了以下几个方面的问题:

1 迎合和趋附

播音与主持艺术创作中,存在着一种迎合、媚俗化倾向的价值观和价值取向。一些播音员主持人,简单、片面地以"受众喜欢和认可"为绝对标准,什么方言流行,就模仿什么方言的发音,什么语调走红就附和什么语调,追求"小音量、贴话筒、一对一、快节奏"来达到所谓的"亲切感",或猫声小语、拿腔拿调;或虚声虚气、装腔作势;或男声女气,失去阳刚之美;或哆里哆气、矫揉造作。

播音与主持离不开语体特征的制约,任何的语言技巧和表达形式都要根据体裁、内容、对象、语境等的不同而变化。片面追求所谓的"亲切、自然",是不会有"美学含量"的,也会使内容的可信度大大降低。

2 应付和敷衍

浮躁的心态表现在工作态度上,就是应付和交差。在艺术创作上敷衍、懈怠,故步自封。

(1) 拿腔作调,四平八稳

不管文字上是什么含义、什么感情、什么风格,都像一部语言处理机一样,拿起稿件就念,只保证不出错。完全被一种不假思索、程式化、模式化的"规律"所控制。

事实上，有声语言在广播电视播音主持中应该起到三个层面的作用：对不对——信息能否共享？准不准——认知能否共识？美不美——愉悦能否共鸣？这都是需要较强的语言功力去驾驭，如果播音员主持人的创作只停留在"不出错"的层面上，那么，总有一天他（她）的岗位会被智能机器人所取代。

(2) 平淡无味、无动于衷

播音员主持人主持节目、播送稿件，就如局外人，毫不走心，没有任何感受，无动于衷，自然也就无法感染受众。播音主持要求播音员主持人的语言表达应该形象、生动、感人，但是创作者如果只是为了完成任务，或者匆忙上节目，信口开河，就会导致语言空洞苍白，语汇贫乏单调，甚至没话找话，说一大堆流畅的废话；受众常常听到的是"接下来让我们来听一首好听的歌曲""您说得太好了，我代表广大观众向您表示感谢""让我们用热烈的掌声表示欢迎"等格式化的套话。这种有口无心，没有情感，不过脑子，思维和语言完全不同步的创作态度，只能让受众感到索然无味，味同嚼蜡。

(3) 摒弃规范、误读不断

浮躁的心态，使得一些播音员主持人轻视语言文字的规范，摒弃播音与主持艺术创作传统、忽视播音员主持人素养的培植和节目质量的提升，暴露出历史知识缺乏，"白字先生"不断出现。如某主持人将"炽烈"读作"zhì烈"；将"令尊"说为"家父"；将"婺源"读作"mào 源"……还有将"舐 shì 犊情深"读作"tiǎn 犊情深"，等等。

3 拜金主义和自我堕落

巨大的社会变革，还使某些播音员主持人的思想观念、道德观念、价值观念发生了扭曲：一些人拜金主义思想泛滥，一切向钱看齐，于是在节目中搞人情新闻、有偿新闻；有人为企业做假广告，使不少曾十分"信任和喜爱"他（她）们的受众深受其害。一些人完全丧失了对自我的要求，可谓自我堕落。比如在节目中大讲真善美，在生活中却语言粗俗，行为不检点，成了标准的两面人；有人在受众面前，盛气凌人，高高在上，在成绩面前张狂自大，在错误面前不脸红、不反省。这些现象都在公众心里造成了极其不良的影响，也破坏了媒体的形象。

感 悟 与 思 考

1. 怎样看待价值观的迷离与分裂？

2. 我们需要怎样的价值观？

3. 价值观对播音主持创作有何影响？

第四讲

播音与主持职业素养

第一节　播音员主持人的职业定位

很多年轻播音员主持人既想当影星、歌星，又想当播音员主持人，这是他们的明星梦。但是他们不知道，影星歌星和播音员主持人的角色定位是不一样的。

1 播音员主持人是明星吗?

播音员主持人在话筒前、荧屏前具有什么状态，取决于他(她)有什么样的心态。

近些年来，业界存在着不少的困惑或误区，特别是在广播电视播音员主持人的职业定位与发展方向上存在着多种声音。其中最具代表性的就是主播的明星化打造，不少电视台动辄便大手笔给予主播明星化包装，演艺跨界等打造。

"打造"这个动词，有两个义项，一是指"制造"，而且多指金属器物；一是比喻创造或造就，可以是"打造品牌"，也可以是"打造明星"。

那么，播音员主持人是不是明星呢?

在广播电视节目中，播音员主持人是真实的"我"在和受众交流，虽然在播音与主持过程中，需要借鉴一些表演的方法，但播音员主持人不是演员。播音员主持人是新闻工作者，他们除了需要练就语言表达的基本功，还需要有独立思考能力、对节目的把控能力，他们对所有信息的选择都必须以新闻工作的党性原则和正确的舆论导向为参照指标。因为,播音员、主持人是党、政府和人民的喉舌,是党、政府联系人民群众的桥梁,播音员主持人的政治身份决定了他们对广大受众有着政治影响力。他们对问题的判断、所持的观点、态度的把握等都会直接影响到新闻的导向、影响到是否真实地反映社情民意、影响到社会的发展和稳定。播音员主持人应该具有记者思维、记者素养,应该有坚定的政治素养和强烈的社会责任感,要具备大局意识,有全心全意为人民服务的精神。这样才能当好党和政府的"喉舌",发挥好联系人民群众的桥梁纽带作用。

在一项媒体对受众的调查中,认为播音员主持人是"电视频道和节目的重要标志"的占到74%,超60%的受访者对于广播电视主播的职业认同度集中于品牌建设、道德承载和信息桥梁。仅有8.7%的受访者认同广播电视主播"与明星一样,属于名人",位居所有选项的最末位。可见播音员主持人担负的媒体责任感和使命感,也是受众对媒体信任感的投射对象。所以,绝不能以艺人、明星作为打造播音员主持人的目标。他们不是明星身份,不必以明星为标准,不必以明星为目的。

2 摆正自己的位置

首先,播音员和主持人都是党和人民的喉舌,是广播电视新闻媒体的门面和形象;播音员主持人是新闻工作者,不是演员更不是艺人,无论是做新闻节目还是综艺节目,播音员主持人的角色定位和性质属性是不会改变的。如果忘记了这一点,就会在工作中、生活中步入歧途。

其次,播音员主持人是广播电视节目的形象和代表,但他(她)不代表个人,他(她)的背后是整个团队的支撑。播音员主持人天天在广播、电视里与受众打交道,很容易出名。尤其是那些能够从广播电视节目中给予受众直接帮助和抚慰的播音员主持人,常被受众视为贴心、聪明、智慧的偶像。但这是广播电视媒体节目的特点以及播音员主持人岗位的特殊性带来的。所以播音员主持人千万不能由于自己的岗位特点带来的荣誉而忘乎所以,由于受众的赞美之辞,而产生自我错位,忘记了许许多多同事的协同和大量幕后的工作,是他们的心血和汗水,共同塑造了播音员主持人的形象。如果自以为光环耀眼,得意忘形,那么必然会失去受众,最终导致人格的扭曲或崩溃。一旦离开了这个集体,离开了广播电视这个平台,更是会被迅速淹没,到那时才恍然大悟,体会到个人的渺小和微不足道。从事播音与主持艺术的人,都面临着一个敌人,就是"捧杀"。但是,如果你是一个谦虚的人,一个有自知之明的人,一个勇于为播音与主持艺术事业献身的人,"捧杀"对你一定构不成威胁。

第二节　播音员主持人的职业状态

当代中国的播音员主持人应该具备怎样的职业状态呢?综合来看,自尊自信、理性科学、务实进取、开放宽容等等是不可或缺的几个方面。

自尊自信。首先表现为一种自我认同、民族认同、国家认同,即以自己的民族和国家为自豪和骄傲,对同胞和自己的能力抱有信心,对国家、民族及自身的前途充满希望。有了自尊,我们才能做到自强、自信,我们的国家和民族才能屹立于世界民族之林,坚韧而从容。

理性科学。一个有头脑的播音员主持人,必定是崇尚理性和科学的。所谓理性和科学,就是具有独立思考和科学实践的能力,尊重科学,自觉维护法律和制度的尊严,不盲从、不迷信,不被习惯势力所左右。

务实进取。所谓务实,可以从三个方面来理解:一是实事求是,坚持从实际出发来分析和解决问题,努力使主观符合客观;二是注重实践,坚持理论联系实际,真抓实干、不尚空谈;三是不图虚名、不事张扬,保持务实进取的心态,克服急功近利、贪大求全、炫富斗富、小富即安等不健康的心态。

开放宽容。开放就是虚怀若谷,广泛听取不同方面的声音,去伪存真、求同存异,充分吸纳善意的批评和合理的建议,耐心纠正片面认识和模糊印象。宽容是指大度、有气量,不过分指责和追究别人的缺点和错误。在节目中,播音员主持人要容得下别人多说话,不要不时地、不礼貌地打断被采访者的讲话;要善于听取节目同事、搭档的建议、意见,不要我行我素。在任何情况下,播音员主持人都要替受众着想,理解受众,存宽容之心。只有宽容、包容才能处理好人际关系,才能贴近受众;只有宽容、包容才能团结合作者,融入节目团队;只有宽容、包容才能常带微笑、学会聆听、善于沟通。

为此,播音员主持人在话筒前应该处理好以下几个方面:

1 播音员主持人的个性展示和媒体责任

成功的主持人一般都具有鲜明的个性,主持人的个性魅力在电视以建立人际交流为目标的传播过程中,对节目的影响力往往起到了举足轻重的作用。

但是主持人的个性展示、个性化表达必须有职业的规范要求和约束,主持人一言一行,必须本着对社会、对人民群众负责任的态度,当对某个问题发表观点的时候,要做到有理、有力、有节,不能一味地在节目中发泄自己的情绪。不可做仲裁者、审判者,不可说超越职责范围的话;不能把自己视作"万能保护神",主持人应该合理运用公权力,应该有强烈的社会责任感和理性的表达方式。主持人职业素养的高低关系到党和政府的形象,关系到广播电视宣传工作的成败,关系到自身所属媒体的声誉。

某音乐节目主持人在播放音乐间隙,用方言聊天,这时收到了听众发来的一条短信:"求你们不要说方言了,我讨厌你们这些当地人。"这是一条带有一点攻击性的短信,于是,节目主持人被激怒了。节目主持人把这条短信一字一句地念了出来,并当即发起了反击:"……这位听众,请你以一种团成一团的姿势,然后,慢慢地以比较圆润的方式,离开这座让你讨厌的城市。"一石激起千层浪,节目主持人的"团成一团,圆润离开"一时成了当地论坛的热门词汇。受众短信要求主持人不要说方言,这一要求无疑是正当的。国家对各地的广播电台、电视台使用普通话有明确的规定。这个节目是普通话节目,按规定不提倡夹杂方言。主持人偶尔用方言,也应该体谅听不懂的外地听众,不宜过多。不能对这些听众的要求视而不见,不予考虑,更不应该含沙射影辱骂听众。

在话筒前,播音员主持人代表的不是自己,话筒也不是主持人个人的话语平台。播音员主持人说的话应该讲政治、讲大局、讲团结,体现的应该是主流媒体的精神,发出的是理性传媒人的声音。

2 播音员主持人的受众意识

播音员主持人是广播电视媒体的形象和代表,在大众传播的传播链上,播音员主持人是否具有亲和力、感染力,极大地影响着广播电视节目的传播力和影响力。

播音员主持人是否具有亲和力,从其一举一动,一颦一笑,甚至一个眼神都能体察到。业内常说某某播音员主持人"有听众缘,观众缘",往往指的就是播音员主持人的亲和力。有亲和力的播音员主持人有魅力,有亲和力的播音员主持人更能被大众所接受、所喜爱。

现在的广播电视综艺类节目,非常强调与受众的互动,播音员主持人有"人缘"就变得更加重要。中央电视台的《开门大吉》《星光大道》都是打造百姓明星的节目,因此,主持人必须具有平民化的亲和力,才能与节目的风格相贴近。主持人无论是与嘉宾的对话,还是与受众电话联线中的一问一答,都必须充满平民的朴素、轻松和幽默,具有亲和力。一要让嘉宾能够充分展示个性,轻松、自如;二是尊重嘉宾,即使对表现失误或失败的嘉宾也要给予他们合理的解释,即"给面子""给台阶",不要给压力;三是找准与受众的契合点和定位点。

提升播音员主持人的亲和力,应注意以下几方面的分寸把握:

(1) 不能随心所欲

有些年轻播音员主持人为了追求亲切、亲和,拉近与受众的距离,把节目完全当成生活中的大自然状态,随心所欲地进行播音主持创作。

一位听众给某台热线节目打电话,主持人先问他是什么职业,那位听众说自己是电工,于是主持人便很"幽默"地说:"哦,是不是跟猴子一样,一天到晚趴电线杆上那种?"那个打电话进去的听众顿时被气得结结巴巴。这不是开玩笑了,是对受众的侮辱!这也不是幽默,而是在骂人!因此主持人不是在任何场合、对任何事都可以随意开玩笑的。

(2) 不能语速过快

一般情况下,人耳对语言的接受程度,是每秒四五个字,即每分钟240到250个字;对于我们日常生活中非常熟悉的语言,人耳的接受程度可达每秒七八个字，播音时用的是标准普通话，人们对标准普通话的接受程度要高于每分钟 240～250 字，可以达到 280 字左右。当然不同时代、不同年龄、不同文化程度、不同职业的人对语言理解的能力是不同的，所以我们的语速要兼顾大多数听众，不能一味求快；另外播音语言不同于生活语言，要求吐字清晰、字字入耳，这就要求播音员主持人把字的声韵调表达得完整、准确、到位，语速过快，必然会使发音不全、吃字漏字，以至让听众观众难以辨析。综上所述，播音主持选择每分钟 250 到 260 字的语速是比较妥当的，以此为基准，再根据每篇稿件内容、体裁、情感基调等不同因素来决定具体的播音语速。目的是因稿制宜，有张有弛，快慢相间，才会让听众观众听起来毫不费力又身心愉悦。

3 播音员主持人的人文关怀

人文精神与人文关怀，尽管不直接拉动经济，也不带来发明，但人们需要它、社会需要它。因为它能提供一种自觉精神，让人懂得同情、敬畏与怜悯；让人在被世俗目标掌控之外，还能留一点时间去思考人的精神提升、思考人类整体性的精神出路问题。

遗憾的是，在走向现代化的过程中，我们的一些播音员主持人忘记了人文精神的建设，既媚贵、又媚权、还媚俗。播音员主持人应该不断提升自己的人文精神修养，不能缺失对受众的人文关怀，人文关怀，其核心在于肯定人性和人的价值。

播音理论家张颂教授曾提出播音主持工作是"维护国家利益、弘扬民族精神、传承民族文化、捍卫文化安全、体现时代精神、充满人文关怀的新闻工作。"主持人作为有声语言艺术创作的主体，创作对象是人民大众。因此，主持人需要把受众的感受放在第一位，用真实的感情打动人，用真实的事件鼓舞人，"以人为本"，从人民的利益出发，关心人民的需求；同时播音主持工作还需要有"人情味"。优秀的主持人一定会设身处地、换位思考、富有同情心。总之，在新闻报道中，播音员主持人的职业特性、受众的需求以及媒体的社会责任要求播音员主持人体现人文关怀。主持人的大局意识，扎实的语言功力、共情能力、随机应变能力是主持人实现人文关怀的四个必备要素。

第三节　播音主持的职业观念

1 "文化"的观念

我们的民族是伟大的,我们有东方的智慧、东方的传统,我们独有的生命观、价值观、审美观都蕴含在中华民族的文化里。习近平总书记说,中华优秀传统文化是中华民族的精神命脉,是涵养社会主义核心价值观的重要源泉,也是我们在世界文化激荡中站稳脚跟的坚实根基。中国传统文化精神包括自强不息、刚健有为的进取精神;贵和尚中、和而不同的和谐精神;阴阳互补、动静互根的辨证思维;民惟邦本、民贵君轻的民本思想。

但是现在,我们的传统文化正大量地从生活中不知不觉地失去。中国的文化遗产在大量地消亡,后代们追求的是"时尚"、是"西方文化"。各种"选秀"节目风起云涌,"娱乐至死"成为广播电视节目创作的霸权,"以视听率定荣辱、决生死"的经营模式推向了极端。商业化将文化的情感升华、道义道德的教化功能大大压制了,而将"官能娱乐"的功能强化了,娱乐感官、娱乐好奇心、娱乐窥视欲等等。

甚至有的新闻类节目也受到不同程度的冲击,为了迎合受众特别是商家的利益,竟然把新闻的性质改变了,使新闻报道混同于娱乐行为,生活的真实反映似乎可以是任何个人的道听途说、任意铺排。

随着中国与世界经济的联系越来越紧密,有些人为了一些经济效益,对病态的娱乐文化不是深刻地批判,而是盲目地引进和机械地模仿。这种畸形文化娱乐观完全违背了文艺的艺术规律和美的规律。

我们并不反对学习西方文化,过西方的节日,但是不能因为热衷于西方的文化、西方的节日,就把中国传统文化搁置一边了。就以中国的传统节日来说,作为中华传统文化的重要载体,古老端午节庆在 2000 年历史中积淀出丰厚的民俗传统和文化内涵,食粽子、划龙舟、挂艾草、佩香囊、拴五彩丝线,自古传承至今不辍,越来越多的人开始重新发掘传统节日,在中华传统文化中寻找精神滋养,感受传统文化的无穷魅力。

2 "细节"的观念

曾几何时,一些管理层流行对下属说一句话:"我不看过程,只看结果"。

"不看过程,只看结果"这种工作要求和行动定义,恰恰是当下最能反映浮躁情绪的表现之一。没有过程,哪来结果?"结果"对于旁观者是很直观的一种获得,它只是成果的衍生物。然而,"结果"对于执行者来说,是经过艰苦的努力才获得的,而旁观者感受到的结果却似乎是不劳而获的。

再者,"结果"不是终极目的,而只是万事万物周而复始的一个拐点、一个中继站。不知道过程,你就无法判断结果是否真实,你就无法体会获得结果的人生百味。

"细节决定成败"是一句俗语,也是一种哲理哲思,指的是讲究细节能决定事件的走向。细节在过程中体现,"结果"是没有细节的,"结果"只是细节的派生物,有什么样的细节,才能派生出什么样的结果。

没有细节就没有好作品。

可是我们的很多播音员主持人,在他们的语言传播中,就是听不到任何细节,全是官话、套话。比如说"在一个阳光灿烂的日子,每一个同学的脸上都洋溢着对未来的憧憬,学生们是有希望的,中国的未来是有希望的"。没有细节,只有"放之四海而皆准"的大道理,但是受众听不进去,他们宁可听到一些粗糙的、有细节的、人性化的语言,因为只有细节才会抓住人。播音员主持人要"要学会讲故事",就必须注意细节的表达和呈现,因为会讲故事的人充满了细节,不会讲故事的人往往只有框架。

中央电视台的白岩松去俄罗斯圣彼得堡报道当时的总书记胡锦涛参加圣彼得堡国际论坛。这是一个很宏大的新闻事件。但是白岩松在做直播报道的时候不断往里面加进感人的细节。他走到大街上去逛,突然听到了中国歌曲《夜上海》,这是在俄罗斯啊,是哪儿传出来的?他就去找,结果是一个大酒吧,白岩松凑过去一看,不仅隔几首歌曲就会有一首中国歌曲,而且那里1/3的服务员都穿着旗袍,他赶紧叫来摄像人员。当你要表达"办了很多届的国际论坛,今年格外有中国特色"这个概念时,你用什么表达呢?这就是一个很棒的细节。东道主意识到了中国的参与,于是在设置酒吧的时候,会有1/3的服务员穿上中国的旗袍,而且播放中国歌曲,甚至有一排灯用的就是中国的宫灯。白岩松把这些细节传递出去,就比用空话说"这次论坛非常有中国特色"更有说服力。

3 "真诚"的观念

真诚包含了真实和诚实两个方面的含义。播音员主持人不仅要以诚待人,同时也要以真对事。播音员主持人作为新闻工作者,务必要做到维护新闻的真实性,因为真实是新闻的生命。播音员主持人从事的是高尚的事业,必须要有一颗诚实的心灵。对播音员主持人来说,放弃了诚实,就不仅放弃了自己的事业,而且也放弃了自己的精神生命。

真情还是矫情,诚挚还是虚伪,都是掩饰不住的。因为它是播音员主持人修养、品位、人格的外化,真正打动受众的是人格的魅力。有这种人格魅力的播音员主持人,完全从普通百姓对事物关心的角度,提出一些人们普遍关注、亟待获悉又极有意义的问题,他们有真诚的人格,与受众同呼吸、共命运,是有血有肉的人。

2018 年,汶川发生强烈地震,由于一开始还没有图像资料和记者的现场报道,中央电视台的播音员主持人大都用连线采访灾区的救灾人员和从事地震研究的专家,他们那种发自内心的关切,从眉宇间传达给了观众,他们询问灾区的救灾人员灾民晚上怎么过夜?询问专家,防震和预报的有关知识,以及对北京和其他地区有多大影响,等等。虽然有时语言不够流畅,甚至有些倦怠,但观众不会有任何的不满和存疑。相反,个别播音员主持人形象、声音、服饰都非常漂亮,但却非常冷漠不走心,甚至依然面带职业的笑容,简直成了一个旁观者,仿佛这场灾难与他没有多大关系,他只是为报道而报道。至于死伤多少人,有多少房屋被摧毁都只是数字而已,是当地的事。这样的主持人一定会让观众感到心寒和反感。那是因为这样的播音员主持人心中只有自己,对受众缺乏同理心、真诚心,这样的播音员主持人不可能得到受众的信赖和尊敬。

4 "尊重"的观念

尊重包括自重和尊重他人。懂得尊重别人的人,自会受到他人的尊重。把嘉宾、受众当作自己家里人一样,这样的节目主持人,人文色彩浓厚,老百姓喜欢,自然节目的收视率也就高了。

比如一个 16 岁的小姑娘,意外地在现场看到自己的父亲来观看自己的演出了,喜极而泣,这时主持人很自然地从自己的内衣口袋里拿出了手绢为小女孩擦拭泪花,一下子,节目主持人不仅与小姑娘的心贴近了,也拉近了现场及电视机前观众的心,让人觉得这位主持人很有人情味,很温暖、很感人。反之,如果播音员主持人在节目中对受众、对嘉宾有不尊重的表现,那么受众是不会原谅的,更会损害媒体的形象。某位主持人在节目录制现场,与嘉宾讨论激烈,随着争论的升级,更是显得十分激动,甚至把手中的笔狠狠摔到几米开外。主持人应有的素质一点都没有表现出来,唯一有的是他"个人主义"的霸气展现。

5 "责任"的观念

播音员主持人应该带着强烈的社会责任感去为人做事。

播音员主持人,不能只顾自己的职业需要,而不顾社会责任,没有人文关怀。

在肯尼亚,一个记者面对一个即将饿死的孩子不去施救,却只顾自己拍摄;在地震现场,主持人竟然要求抬着伤员的担架停下来,说慢点,我还要拍摄。在突发事件面前,如果一方面是必须的人道主义救治,一方面是拍摄的任务,那么参与救治比拿到画面更重要,不能冷冰冰地当旁观者。

美国纽约市的一名男子被另一名男子推下地铁站台,没能及时逃脱,遭列车撞死。一名摄影师目睹这一幕,第一时间想到的是拍摄照片而不是施以援手。照片由《纽约邮报》刊登,引发公众和媒体人的批评。美国有线电视新闻网主播索莱达·奥布赖恩写道:"这让人非常不舒服。想一想,如果他是你的父亲或兄弟会怎样?"

南非"自由记者"凯文·卡特的作品《饥饿的苏丹》曾获 1994 年普利策新闻奖,照片中一名苏丹女童即将饿毙跪倒在地,而兀鹰正在女孩后方不远处,虎视眈眈等候猎食女孩。这张照片 1993 年 3 月 26 日被《纽约时报》刊登后很快传遍世界,并激起强烈反响。由于被抨击"踩在小女孩的尸体上得奖",普利策颁奖仪式结束后,凯文·卡特便自杀身亡。

6 "知识"的观念

文化知识修养是播音员主持人言行举止、仪表风范的根基。知识的底蕴就如一座金字塔,有声语言表达只不过是垒塔的一块一块"砖石",有了丰富的知识,播音员主持人才有了"口若悬河""妙语连珠"的底气。

(1) 文化知识积累为底蕴

播音员主持人与受众交流,很大程度上是一种情感上的传递,即以有声语言为媒介,把节目内容的精神实质传播给受众,引起受众情感上的共鸣。播音员主持人若没有内心的充实和传播的愿望,心里是空白的,就不可能引起受众情感上的共鸣。这种内心的充实和传播愿望,是需要用各种知识做积淀的。知识的积淀愈丰富,有声语言和它所传达的情感才能愈加真实可信。

受众对播音员主持人一般都怀有某种信赖和期待心理。播音员主持人要准确地表情达意、传播内涵,在节目中和受众产生共鸣,必须具备丰富的知识,丰厚的学养。"金玉其表"而"囊中羞涩"的播音员主持人、"嘘声嗲气"或"啰唆絮叨"的播音员主持人、"粗俗肤浅"且又"哗众取宠"的播音员主持人,即使有较高的文化学历,也很难获得受众的认可。

比如,在播音主持语言表达上,某些播音员主持人由于文化的缺失带来的问题有:不讲究用词用语的稳妥达意;字词读音的误读误解现象较为常见;断错句、念白字,成了家常便饭。

一位广播听众来信说:"广播香港'登山热'的新闻,本来内容很有意思,但一位节目主持人说了一句:'登山者趋之若鹰',听后一楞,是不是'趋之若鹜'的误读呢?"……节目中报道某导演在香港海关验证手续就耽搁了八个小时,还说到'港方人员一副顾指气使的样子',把'颐指'读成'顾指',太粗心大意了吧……不久前听某台放音乐,节目主持人说:"请听金鸟(应是'金乌')坠玉兔升"……有的把沈涛(刺绣大师),字雪宦(yì),念成"雪宦(huàn)"……"

播音员主持人望形生音、望文生义的现象产生于两个原因:一是不懂其义;二是不求甚解。

因不懂其义,就望形生义、胡念一气,这种现象是少数播音员主持人所为;而不求甚解,望文生义,甚至完全错误诠释的现象,在广播电视节目中就不少见了。

例如,常有播音员主持人把"明日黄花"说成"昨日黄花"。"明日黄花"出自苏轼的《九日次韵王巩》诗:"相逢不用忙归去,明日黄花蝶也愁。"这里的"明日"系指重阳节后的一天,即农历九月初十日。"黄花"是指"菊花"。整个意思是说重阳节过后菊花就枯黄了,比喻过时的事物。后来就成了成语。"明日黄花"既为成语,就有其"专指",是不能随意改动和引申的。但有些节目主持人为什么会读作"昨日黄花"呢? 这恐怕就是望文生义所致,以为"昨日"才是过时,而"明日"何过时之有? 故而屡屡出错。

(2) 节目的知识含量为目的

广播电视节目中知识含金量的多寡,实际上取决于驾驭节目的播音员主持人的知识储备。广播电视节目在创新意识、信息资讯和对高科技成果进行传播的实现,播音员主持人的内在素质是关键因素。以增加节目的知识价值为目的的播音员主持人队伍,确保了节目的可听性、可看性。

同时,有意识地增加节目的知识含金量,探索节目的实用性、有效性、功能性,也是广播电视媒体对播音员主持人的要求。这里的"知识含金量",不仅仅是指高科技领域的知识内涵,如生物工程、新材料、宇航技术等,还包括了不断出现的新的社会科学知识。播音员主持人了解和掌握这些知识越多,节目的知识价值含金量就越高。创作有知识、有内涵的广播电视节目,是防止广播电视节目幼稚化倾向的主要良策。

(3) 自身的博学专才为目标

从受众的角度看,"比自己有知识"是广播电视受众对播音员主持人的要求之一,因此有一定的"专门知识"必然成为选择播音员主持人的重要条件。播音员主持人有"专门知识"才能驾驭自己所播音主持的节目。当然,播音员主持人不是"万事通",不必也不可能精通所有的学科知识,但他们应该尽可能地博学专才。

播音员主持人除了要掌握采、编及有声语言表达等方面的专业知识和技能外,还应该广泛涉猎各行各业的相关知识,时刻注意国内外的政治、经济动向,关心时事,了解时事,头脑清醒,反映迅捷。同时还应该储备、具备某一方面的专门知识,比如:财经节目主持人在财经知识方面的积累;音乐节目主持人在音乐方面的独特专长;体育节目主持人在体育项目上的研究钻研。总之,面对纷繁复杂的社会生活,包罗万象的节目内容,播音员主持人只有迅速调动头脑中储存的各方面知识,才能对节目中反映出来的具体内容呈现足够准确、生动的表达、解读与传播。

(4) 丰厚的知识学问为形象

受众对播音员主持人的审美要求,不仅有相貌体态的要求,而且还有比外貌更重要的审美要求,即渊博丰厚的知识和学问、生动准确的语言表达、富有情怀的人格魅力,等等,人们时常可以看到,有些电视播音员主持人外貌很靓丽,然而一开口说话,却暴露出文化知识的可怜和浅薄,这时再好的形象也会大打折扣。

既有美貌又有学问,两者完美统一的播音员主持人当然是很理想的,但这样的播音员主持人毕竟少之又少。在两者不能兼有的情况下,应该毫不犹豫地以有文化、有知识、有学问为首要条件。事实上,人们常常看到一些貌不惊人的播音员主持人受到了热烈的欢迎,腹有诗书气自华,人们在欣赏他们才华的同时,也对他们的形象增加了更多的好感。

(5) 创新充电学习为明天

在互联网时代媒体激烈竞争的环境下,播音员主持人拓宽知识结构、提升知识层次,比任何时候都显得迫切和重要。不注意知识的积累,满足于一知半解,跟着感觉走,就会真假不分,甚至把不正确的、不准确的乃至极端错误的东西当作新事物来传播,还自以为是创新。

播音员主持人的知识结构和知识层次,往往与创新的成败及成果的大小有着直接的关系。"科学社会化""社会科学化"的趋势,都要求当代播音员主持人必须具备整体化的知识结构。在人类已进入信息化时代的今天,知识更新速度的周期比任何时代都显得快捷,稍一停滞就会落伍。那种"读过大学,有了文凭就可享用终身"的观念必须摒弃。无论是在职学习、进修或学位深造,还是出国学习、进修,广播电视的播音员主持人,必须树立时时充电、终身学习的观念,我们应该在不断构建知识结构中进行创新,在创新中不断积累知识、更新知识、运用知识。

感 悟 与 思 考

1. 你怎样理解播音员主持人的心态和创作之间的关系？

2. 谈谈你对道德观念的迷失和道德观念的培植的认识。

3. 为什么说真正有价值的文化，必须具有文明内涵和积极意义？

4. 你怎样认识"注意细节是成熟的标志之一"？

5. 播音员主持人和明星演员的区别是什么？

6. 如何理解播音主持人才不是被"打造"出来的？

7. 主持人的个性展示和媒体责任的关系是什么？

8. 播音员主持人的外在形象和内在修养孰轻孰重？

第三编

播音与主持风格与个性修养

第一讲

播音与主持的风格和个性

第一节　播音与主持艺术风格的中国特色

1　走出"照搬"误区

我国的广播电视传媒已经形成了"走自己的路"的思想,并开始构筑具有中国特色的广播电视事业。因此,当我们讲播音与主持艺术突破创新时,我们就要提倡创作出具有中国风格,体现中国气派并且能够被中国观众喜爱的播音与主持艺术作品。

有一句话说:越是民族的,越具有世界意义。

如果把在西方国家广播电视媒体里获得成功的节目主持人形式,照搬到中国的广播电视媒体里来,行不行呢? 实践证明那是行不通的。道理很简单,西方国家与中国有着不同的社会政治制度、经济环境;有着不同的历史文化传统、风俗习惯;有着不同的民族特点、生活方式;有着不同的生理素质、心理特征;有着不同的价值取向和审美标准。因此,播音员主持人在美国就应该符合美国的国情,具有美国特色。同样,中国的播音员主持人面对中国受众,也应该符合中国的国情,具有中国特色。我们既不应一概排斥外国好的对我国有益的东西,也不必去盲目的效仿、照抄照搬。

2　坚持"中国特色"

我国的广播电视媒体是党、政府和人民的"喉舌"。这种性质就决定了我国的播音员主持人是代表党、政府和人民发声的,规定了我国的播音员主持人在节目中的活动范围和言谈分寸,它不是播音员主持人个人的平台,不可随心所欲的按纯粹的个人情感来谋取私利。任何一个富有个性的播音员主持人都不可以仅凭个性或个人的意愿来处理和解读节目。

我国播音员主持人的风格就是在这样的工作性质下形成的。只有当播音员主持人个人的特点与节目内容和风格相统一、相协调时,才能产生出良好的传播效果。这也就是我国的播音员主持人个性风格的"中国特色",失去了中国特色这个前提,也就无从谈中国播音员主持人的个人风格。

第二节 播音员主持人的个性风格

播音员主持人应看重自己的"个性风格"和自己节目的"个性风格"。

中央电视台主持人敬一丹曾说:一周做一个 8 至 10 分钟的节目而且从策划到字幕每个环节都得盯着,实在是超负荷运转。找人帮忙当然会使节目更完善。但我想,那样做《一丹话题》就不是我的了,我想让它完完全全是我的,它就是"我的孩子",它可以长得不好看,但它要像我。

节目的风格对播音员主持人个性形象起着影响和制约作用,播音员主持人应该学会从编创的角度去考虑,达到两者的和谐统一。中央人民广播电台的播音主持艺术家虹云,在谈到她主持的《午间半小时》节目时就认为:"生活中的我和节目中的'我'是有距离的……为适应《午间半小时》节目个性的要求,我尽量在气质上作到扬长避短。"

1 个性风格需要功夫在诗外的积淀

成功的播音员主持人都是风格迥异的,都具有自己的"不可替代性",很难用统一的标准去衡量,这也就决定了播音员主持人不能机械地去照搬和模仿他人的个性风格。播音与主持风格的形成不是一朝一夕、一蹴而就的,也是很难凭借一些简单的标准去培养。拥有令人满意的先天条件,只是做好播音与主持工作的条件之一,但能否成为一名优秀的播音员主持人,更多的还需要超乎美貌形象和甜美嗓音这类先天素质之外的东西。

播音员主持人与受众之间更多的是一种特殊而微妙、真诚而有个性化的沟通。"个性化"不是拥有了话语权就喋喋不休地将个人或许不成熟的观点强加给受众的。"真诚"来自不断叠加的,沉甸甸的积淀。这里的积淀既包括知识上的、阅历上的,更包括情感和思想上的。

2 艺术个性在阅历环境中逐渐形成

播音员主持人的个性不是生来就有的,而是在他们所处的社会环境中逐渐形成的。

由于每个播音员主持人所处的社会环境不同,所受的教育程度不同,因而他们观察问题的立场、观点、方法,为人处世的哲学以及文化素养、风度气质也不同。而这一切都会不自觉地表现在每个播音员主持人的言谈举止当中。播音员主持人的个性也就是在一定的社会条件和教育影响下形成的一个比较稳固的特性,这种比较稳固的特性表现在播音主持艺术创作当中,也就形成了播音主持的艺术个性。

俗话说:"文如其人。"在播音主持艺术创作中可以说"声如其人"。具有个性美的语言,是在思想内容和表现形式的有机结合、和谐统一中形成的。有的快人快语,有的细细漫谈,有的机智幽默,有的稳重深沉。从个性气质的类型来看,不同的播音员主持人会在知觉的速度、思维的灵活程度以及心理活动的指向性等方面有所不同。

3 播音主持个性风格的特征

现在一些高层次的播音与主持评奖活动中,播音员主持人有没有个性风格,已经成为评奖的重要依据。没有独特的个人风格,是很难打动评委的。

当年上海电视台选送董卿的《上海——悉尼两地传送音乐会演出》节目,尽显双语主持的优势,很独特,获得了"中国播音主持作品一等奖"。获得"金话筒"奖的吉林电视台主持人尹村长,主持的是一档《农村俱乐部》节目,在参评的464名靓男倩女中似乎有点土,但主持人形象生动,举止言谈和农民打成一片,对农民朋友的真情实意,评委大多为此叫好。

许多播音员主持人已经形成或正在形成自己独特的风格,如在播音与主持的有声语言表达中,中央人民广播电台播音艺术家常亮的规整严谨、豪放隽永;黎江的清新甜美;晓澄的亲和柔美;中央电视台播音艺术家李瑞英的大方自如;罗京的沉稳凝重;徐俐的权威自信,等等。

在主持人节目中,敬一丹以视角独特、观点新颖获得好评;白岩松以提问犀利、点评富有哲理著称;张悦则热情真诚、平易亲和与观众有"眼缘";撒贝宁以明晰准确的口语表达和极富个性的思维方式受到观众青睐。

(1) 播音与主持艺术风格体现时代民族风格

播音与主持艺术风格,从广义上讲包括播音与主持创作中所体现出来的时代风格、民族风格、阶级风格以及节目和稿件的风格,播音员主持人的风格。其风格体现的核心和焦点,都是播音员主持人的风格。因此,播音与主持艺术风格,就是指播音员主持人在播音与主持艺术创作中所体现出来的创作个性和艺术特色。

从 1940 年 12 月 30 日我国人民广播诞生的那一天起,播音主持风格就开始孕育并逐渐形成。20 世纪五六十年代,以中央人民广播电台为代表的播音作品就成为新中国播音风格的集中代表。

(2) 播音与主持艺术风格是审美创造的产物

播音与主持艺术风格的形成和时代审美的需要是分不开的。广播电视播音与主持艺术是有声语言艺术创作,在播音员主持人个体的美学追求中,必然融入了时代和创作群体的美学思想。因为只有符合时代、民族的需要和审美理念的播音与主持艺术作品,才能被广大受众喜爱和接受。

播音与主持风格的形成和时代审美的需要是分不开的。就播音主持风格而言,它应该是播音员主持人成熟的、独特的艺术创造力的标志,是审美创造的产物。

(3) 播音与主持艺术风格具有典型性和代表性

播音与主持艺术风格作为一种表现形态,它是从广播电视播音与主持艺术作品整体上呈现出来的,具有典型性和代表性的特点,是由内容与形式相统一,是播音与主持艺术创作主体主观方面的思想感情、人格精神、生活经历、审美理念、心理气质、创造才能和播音与主持艺术作品体裁的时代特征、民族特征、阶级特征、地域特征等客观因素相统一的独特面貌。

丰富多采的广播电视节目,只有通过多种独特风格的播音员主持人的再创作,才能满足受众多元化的审美需求。有时候,同一件播音与主持艺术作品,由不同的播音员主持人来表达,或者同一位播音员或主持人去播报或主持不同类型的节目,都有可能体现出不同的特色与风格。

我国著名播音与主持艺术家方明在新闻播音中体现了大气磅礴、严谨庄重的风格,在《阅读与欣赏》节目中,又体现了一种柔婉简约、蕴藉含蓄的播音风格。上海人民广播电台著名播音主持艺术家陈醇在新闻播音中体现了深沉稳健、抑扬顿挫的风格,但在他的文学作品创作中,又体现出韵浓味醇、舒展自如的风格。

第三节　播音与主持艺术风格的特征

播音主持风格的特征,主要有这样几个方面:

1 附着性

播音与主持艺术是二度创作,播音与主持艺术风格的表现只有通过稿件风格才能体现出来,没有稿件内容也就谈不上播音与主持。所以说播音与主持艺术风格是附着在播音与主持稿件上的,只有依托稿件播音与主持艺术作品才能展现出风格。

齐越和夏青,这两位新中国播音界的巨匠,一个风格雄浑豪放,一个风格严谨端庄。当他们朗读毛泽东诗词时,都体现出毛泽东诗词大气磅礴的风格:一个是雄浑豪放中体现出磅礴的气势;一个是在严谨端庄中体现出宏大的气魄。他们的朗读都能完美体现出毛泽东诗词的深刻内涵,他们的风格各异,但都展现着播报和朗读之美。

播音与主持艺术创作的材料是声音和形象。声音和形象直接作用于受众的眼睛和耳朵,又由于广播电视会将形象和声音的特征集中、放大,使其具有强烈的可感性、直观性。

2 独特性

每个播音员主持人由于性格、气质、生活阅历和审美追求以及当时的客观环境的不同,都有一个属于他自己,也只能属于他自己的发现和创作美的方法和手段。所以,每一位播音员主持人形成自己播音与主持艺术风格的时候,都具有独特性。

中央电视台播音艺术家罗京刚在电视屏幕上出现的时候,有的观众认为他播音的表情太严肃了,便给他写信建议:"播音员同志,请你笑一笑。"罗京并没有因此去笑着播音。因为他知道那个"笑"不属于他。生活中的罗京,性格内向,不苟言笑。

独特性是播音与主持艺术风格的生命。曾经有几个人在播音主持中,模仿夏青、赵忠祥的声音,乍一听还很像,但是最后还是露出了"马脚"。这并非模仿者的"功夫"不到家,而是无法为之。因为模仿,只能是一个声音的外壳,深层次的、内在的东西,是模仿不到的。那些著名的老播音艺术家们的声音特色、生活阅历、思想素养、知识结构、审美追求等,都是个性的,心灵深处的内核是无法仿制的。

3 一贯性

成熟的播音与主持艺术家的播音与主持艺术风格,不可能仅仅体现在一次节目、一篇稿件或一个时期的播音主持中,而是贯穿于他整个的播音与主持艺术创作生涯中。

风格特征具有一贯性。这是由播音员主持人世界观、艺术观所决定的。这种创作个性一旦形成并成熟之后,就不会轻易改变并且会有一个相对稳定的状态和过程。

中央人民广播电台播音艺术家林如,播音风格的基调是含蓄,无论怎样变化,时代的变迁,生活经历的变化,节目稿件的不同,或质朴自然,或典雅深沉,但都没有离开"含蓄"这一主基调。质朴自然也好,典雅深沉也罢,都是在含蓄这一主基调引导下的变奏。含蓄,显示出林如播音艺术风格的一贯性。

中央人民广播电台播音主持艺术家虹云的主持风格是热情,这一风格基调贯穿于她各个时期的代表作。她在《大众经济》节目中的主持热情活泼;她在《话说长江》中的播音热情奔放;她在《午间半小时》中的主持热情爽朗。"热情"这一风格的主调一直贯穿于她播音与主持艺术创作的始终。

4 多样性

由于受时代、民族、阶级以及广播电台电视台、节目类型、稿件内容等外部环境条件的制约,受播音员主持人生活阅历、性格气质、思想修养、审美追求、业务条件等内部要素的影响,播音主持风格便呈现出多样性的特色。

"多样性"概括来讲体现在两个方面:一个是从播音员主持人群体上看,由于播音员主持人艺术创作风格的差异,形成了播音与主持艺术风格的多样性;另一个是从播音员主持人个体来看,即播音员主持人处在不同的创作时空、创作条件下,其播音与主持艺术风格所呈现出的不同特色。

5 传承性

世上的各类事物大凡都有一个继承的过程。如果前人没有基础给你,你只能从头来。但是在艺术的人文世界里,它不好做到前赴后继,它不像自然科学那样可以有大量的数据留存和积累。比如一位播音与主持艺术家活到七十多岁,他对艺术一定有一种领悟。但是他去世了以后,他的子孙是不可能对这位播音与主持艺术家有全面的领悟,他们要在新的时期,新的年代,从青春骚动期开始,直到成熟。当这些子孙到了像老播音主持艺术家这样的年龄,他们也会老去。而他的子孙又开始走他原来的路,而不像自然科学是无限扩进,无限上升,有一种积累的过程的。

而播音与主持艺术是一门学问,而且是一门高深的学问,它既需要传承,也需要领悟和创新。

第四节　播音与主持艺术风格的体现

播音与主持艺术风格,主要通过独特的感受、独特的表达和副语言的表达三个方面体现在播音与主持艺术作品上。

1　独特的感受

独特的感受,是在遵循播音与主持艺术创作感受一般规律的同时,由于播音员主持人不同的性格特征、生活经历、文化知识、思想修养等不同决定了不同的播音与主持艺术创作的审美追求,并形成播音员主持人独有的体验。它包括播音员主持人独特的审美认识和发现。这种独特的体验是独特的表现的内在依据。

播音与主持艺术大师齐越和方明都播录过魏巍的长篇通讯《谁是最可爱的人》。齐越的感受是:自己进入了战场,和志愿军战士一起同敌人拼杀。牺牲的战士,都是他身边的战友,他对他们的一举一动看得十分清楚。他和他们同呼吸、共命运。所以听齐越的播音,仿佛我们也进入了战争场景,感到和看到眼前正在发生的活生生的壮烈的场面,使我们感到振奋和激励,对志愿军战士肃然起敬。而方明的感受则是:站在历史的长河之上,追溯几十年前那波澜壮阔的一页。他的播音如同一首壮烈的史诗,唤起人们对志愿军战士深深的怀念和眷恋。

独特的感受是播音与主持风格的内在表现。缺少独特的感受,就难以有独特的表达,就会出现矫揉造作的外部形式。

2　独特的表达

每个播音员主持人的声音都有个人的特点。比如,夏青声音的自然条件是浑厚;张悦的声音自然条件是甜美。声音条件的不同,也是播音与主持艺术风格个性特点形成的基础。

当然,光靠声音是完成不了个性风格的,单是夏青声音的浑厚,并不能说他的声音就体现了他的风格,因为声音既具有自然属性,又具有社会属性,只有自然属性体现出社会属性的时候,这个有声语言形式才能体现出自我的风格。

独特的表达,包括有声语言的表达和副语言(体态语言)的表达。

(1)内部技巧的独到运用

由于每个播音员主持人的具体感受不同,由此引发情感的样式也会有差异。比如：

齐越朗读《海燕》，由于他有战争年代战斗生活的经历，以及他顽强倔强、爱憎鲜明的性格，使他对《海燕》的感受具有很强的参与感。他所展现的内心影像，更多的是一些中景和特写：他不是站在一旁评判，他把"海燕"看成一个勇敢的革命战士，是他的战友，仿佛海燕又是他自己，他要同海燕一起翱翔，一起冲破乌云，一起迎接暴风骤雨，一起大笑，一起高唱。从他的朗读中，我们听到一个正在战斗的革命战士的誓言。

夏青《海燕》的朗读，雄健有力，庄重铿锵，从他的朗读中，我们听到了一个满怀胜利信心的预言家的宣言！因为夏青善于哲人的思考，拿到《海燕》这篇作品，他首先感到的是"这是黎明前的黑暗，暴风雨过后必定是胜利的曙光，这是历史的辩证法"，所以在他的脑海里展现的画面："是那个风起云涌的革命时代的整个波澜壮阔的革命浪潮"。他善用远景和长镜头，站在历史长河之中，从漫漫的黑夜，看到了黎明的曙光，透过压顶的乌云，望见了遮不住的太阳。所以，他以胜利的预言家的身份，敲响反动势力的丧钟，吹响人民革命的号角。

(2) 外部技巧的生动呈现

外部技巧赋予思想感情以一定的物质形式。比如：

"停连"，夏青善于多停少连，他停顿的时间长，而思想感情的线索又不断，经常被同行称为"绝妙的一停""惊人的一顿"。中央人民广播电台著名播音与主持艺术家铁城的播音是多连少停，他主张长句子的处理首先要一气呵成。

在"重音"这一技巧的运用上，播音与主持艺术家方明有他的独到之处。他的原则是少而精，他主张抓"句眼"。

在"节奏"的处理上，齐越善于运用节奏的变化，显示豪放的特征。夏青的语言节奏则稳健，体现出严谨的特点。他们都朗读毛泽东的词《沁园春·雪》，但是你听他俩的作品，就会感觉到齐越的朗读，语势高低变化频繁，语气之间大停大连，语言速度忽快忽慢，全篇节奏变化明显。夏青的朗读，语势高低起伏、错落有致，语句停连严谨，语速掌握平稳稍慢，全篇节奏均衡稳健。

所以,不同的语言节奏,体现出了不同的风格特征。

(3) 表达样式的丰富多彩

播音与主持语言表达样式,有宣读式、报告式、评述式、交谈式、讲解式等等。不同播音员主持人在播音与主持中,习惯以某种语言样式为主的表达,这样也体现出了他的某种风格特点。

比如,夏青的播音,以宣读式为主,工整规范、重音长重、多停少连,显示出他严谨端庄的风格特色。林如的播音,更多的是以报告式为主,即"半说半读","一些非重点的句子,可以放下来说",显示出质朴自然的风格特点。同样是播"中国共产党章程(草案)"这句话的时候,听夏青的播音字字铿锵,体现出了宣读式的特点,显示出他的规范性、权威性和庄重性。林如播这句话,只把"章程"二字作为重点突出,以读的方式强调,其余的词都放下来说,体现了她"半说半读"的特点,听她的播音,我们也同样感到了法规性和权威性。

(4) 语句组织的独特构思

这里有两层含义,一个是语言表达的时候,对句与句之间语言表达的处理;一个是在播音与主持艺术创作的时候,对语句的组织。

方明朗读贺敬之的诗《回延安》是怎样组织的呢? 很多人朗诵《回延安》,都在前面部分花费了很大工夫,有很多的重音,比如:"心口啊,莫要这样厉害的跳,灰尘啊,莫要把我的眼睛挡住了。手抓黄土,我不放,紧紧地贴在心窝窝上。几回回梦里回延安,双手搂定宝塔山。"

有的人把"莫",把"眼睛",把"不放",把"心窝窝上",把"回延安",把"宝塔山"都作为重点加以突出。

而方明在组织这些句子的时候,他只是采取把一个"定"字加以突出。他认为,"定"是他"爬坡"的顶点。他处理句子,用他自己的话来说,是在"爬坡","定"是爬坡的顶点,其他的地方都在"坡下",应该放下。所以他的朗读是这样的:"心口啊,莫要这样厉害的跳,灰尘啊,莫要把我的眼睛挡住了。手抓黄土,我不放,紧紧地贴在心窝窝上。几回回梦里回延安,双手搂定宝塔山。"

放在"定"字上,所以,体现出了他语句组织的独到的构思。

3 副语言的表达

所谓副语言,就是指眼神、面部表情、体态、服饰,等等。这些在电视播音与主持中尤为重要。

电视播音与主持,观众首先看到的是电视播音员主持人的形象,其形象既具有其自然属性,也具有其社会属性;既具有外在的表象,又具有内在的气质;既要求静态美,更要求动态美;既要求有可视性,又要求有可信性。所以,从形象上观看是一人一面,从性格上来看是一人一样。有的文静典雅,有的活泼开朗,有的亲切热情,有的持重端庄。这些都是构成播音主持风格的重要因素。

感 悟 与 思 考

1. 为什么说播音主持风格要讲究中国特色?
2. 为什么说播音主持个性风格需要先天素质之外的积淀?
3. 播音主持风格的特征有哪些?
4. 播音主持风格主要通过哪三个方面体现在播音主持作品上?

第二讲

播音员主持人的个性形象

第一节 个性形象与节目风格

1 播音员主持人的个性形象是公共媒体形象的重要标志

公共媒体形象与其传播的内容和从事媒体传播工作者运用的形式相关。可以说,在传播内容确定是主旋律的大前提下,传播手段的别具一格是个性形象凸显的亮点之处,从而,也很大程度上决定了媒体形象的状态和面貌。

个性是一个人精神面貌和心理状态的特征,是在一定的社会条件和教育影响下形成的比较固定的特性。播音员主持人的个性形象因人而异,是个体的思想或感情活动的具体形态或姿态。人们对一个事物的认知,往往是通过这个事物的个性特征实现的。同此理,广大受众很可能不知道某个电台电视台的名字,但是却记住了某个播音员和主持人姓甚名谁,从而,凭借他们来了解某个媒体或其播出的节目

播音员主持人的个性形象包括有声语言和体态语言的表达。当然,他们两者的侧重点由于传播平台的不同而不同。广播播音员和主持人的个性形象是通过独具特色的音色和有声语言表达形式实现的。电视播音员主持人的个性形象是通过有声语言和体态语言的结合而达到的。受众了解和喜欢一家电台、电视台的节目,往往是通过各具特色、个性鲜明的播音员主持人的播音主持作为桥梁的。

播音艺术家赵忠祥因为对《动物世界》极具个性的配音,使受众对《动物

世界》留下了深刻的印象,也因为《动物世界》赵忠祥得以家喻户晓,也让央视的形象深入人心;"煽情",是倪萍独特的主持风格。正是由于她"煽"得真诚,"情"自内心,感染了无数的受众,也让央视的综艺节目在广大受众中产生了广泛的影响。这些充满鲜明个性的播音员主持人的艺术创造,让广播电视节目生发出前所未有的魅力,为广播电视领域的繁荣和发展带来了强大的活力和生机。同时,这些富有个性形象的播音员主持人理所应当地成为中央电视台形象的重要标志,他们是央视的门面。全国各地的电台电视台都有自己个性形象鲜明的播音员主持人,他们也就顺理成章成了各台的门面。

2 个性形象与节目风格互为依存

(1) 个性形象受制于节目风格

风格指的是气度或作风。对于精神产品而言,就是其所表现出的主要的思想特点和艺术特色。"内容为王"的创作规律定下了电台和电视台的节目风格的主色调。播音员主持人的个性形象是在主色调的规定之下个体气质、兴趣、性格的展示,因此,必然带着单个媒体形象的印记。也就是说,播音员主持人个体形象和某媒体形象的共性到了完美和谐的统一。二者相辅相成,互为依存。

播音员主持人的文化心理、知识结构、情感表达、审美情趣、思想倾向、能力才华、人格品位、独特思维、语言风格、驾驭能力,等等,在广播电视节目的艺术创作中,受创作任务的制约和规定。换言之,播音员主持人在话筒前的最纯粹的活动,就是一切服从内容的需要,一切从内容出发。如果播音员主持人在节目中与节目所要表达的内容,与节目风格相背而行,任意表现自己的个性,强化播音员主持人个性的随意性,那就是有悖于节目的宗旨,与节目风格格格不入。

(2) 个性形象与节目风格相融有利于节目个性的形成

播音员主持人的个性形象与节目风格要自然相融。如果两者反差太大,就会使节目本身难以具备鲜明的特色,从而削弱节目在风格上对受众的吸引力。广播电视中有不少节目,由于节目没有配备好恰当的播音员主持人,他们与节目风格不吻合,频繁更换播音员主持人,因而使节目的稳定性很差,当然也就难以形成节目的风格。

当然,节目与播音员主持人的稳定性总是相对的,因形势发展的变化和社会的需要调整节目和播音员主持人,这都是题中应有之事。但在做这些改变时,应该强调新节目对播音员主持人物色的重要性,即在追求新鲜感和节目活力的同时,尽可能考虑到节目风格和播音员主持人形象的相对稳定。

(3) 个性性格不能取代节目风格

一般来看,节目所要求的风格与播音员主持人的个性性格总会有距离。但是太悬殊会毁了一个节目。有些个性形象鲜明但没有强烈节目意识的播音员主持人,也许会不由自主地将个性特点凌驾于节目之上,甚至以个性形象取代节目风格。这在话题节目中很常见。如谈论婚姻、家庭话题时,有些平时就性格内向、消极悲观的播音员主持人容易消沉、气馁,失去了宣传应有的正面教育功能。

中央电视台曾经播出过一个节目,讲述一对青年男女的爱情故事。男青年在见义勇为时被歹徒杀害,女青年为男友日夜守灵 49 天后,服剧毒农药自尽,死在男友的灵前。节目主持人满怀同情地把这对青年人誉为当代"梁祝",是"用自己的生命谱写美丽的爱情篇章"。这个节目的败笔就在于缺乏理性的高度。首先,梁祝爱情悲剧的内涵是反封建,追求爱的自由和权力,和这对青年男女的命运有本质的不同。其次,节目主持人沉浸在主观的同情中没有能够对生命、爱情进行深入的、理性的思考,仅仅就事论事,从一个十分偏狭的角度给出结论。

播音员主持人如果有条件自己选择节目,尽可能挑选与自己声音条件、个性气质、性格、兴趣比较吻合,自己又比较喜欢的节目来制作。同样道理,领导抑或编辑、导演在考虑相关节目播音主持时,也要参考这些因素。

另外,我们必须知道,知名度不是涵盖一切的。有些知名的播音员主持人只适合某些类型的节目,不适合所有的节目。如果主持了不适合自己个性风格的节目,那会带来不良的后果。曾经有一位主持人,主持综艺类节目如鱼得水。于是,受邀于某谈话类节目。结果,社会反响不好,个性形象也受到了影响。

第二节 个性形象与个性化的语言艺术风格

语言,包含两个方面的内容,即有声语言和体态语言。作为人类进行交流沟通工具的语言,是个人辨识度的主要标志,是个性形象的重要支柱。

所谓播音员主持人的语言艺术风格,是指播音员主持人具有的个性化的语言特征在表达内容和形式上的直接体现。具有鲜明个性的语言艺术风格是播音员主持人成熟的标志。优秀的播音员主持人必定具有自己独到的语言艺术风格。

回顾中国播音的发展历程,我们会自豪于为中国革命和建设作出巨大贡献的中国播音事业,会对前辈播音艺术家为播音艺术建立的辉煌功绩而骄傲,也会为在改革开放中对播音艺术领域作出新贡献的播音艺术家而自豪。他们鲜活生动个性凸显的播音主持作品脍炙人口。在播音事业漫长的历史生涯中,涌现了一批令大家敬重爱戴的播音艺术家。他们就是以自己突出的个性形象受到了受众的喜爱,把自己的名字深深地镌刻在人民大众的心里。

齐越的播音激情澎湃、气势磅礴,特别是他的代表作《县委书记的榜样——焦裕禄》,深深地感染了几代人。

夏青逻辑严谨、气度非凡。他播送的和前苏联论战代表作反修评论文章《九评》,播出了中国政府的威严和力量。

方明跌宕起伏,错落有致。他重大新闻的播音作品牢牢地镌刻在中国播音史上。

上海台陈醇刚柔相济、舒卷自如。他是地方台播音员中的翘楚。散文播音《白杨礼赞》不仅在央广多次播出,而且成为高等院校播音专业的教材。

改革开放后出现的如倪萍、白岩松等主持人,以不同于传统播报形式的互动交流方式,让他们和受众走得更近了。

倪萍风趣激情、善解人意。她形象亮丽,多才多艺,并且有非常强的对现场把控和临场应对的能力。

白岩松语言睿智、犀利机敏。他睿智机敏的主持风格,给广播电视节目吹进了一股清风。在节目中,他传递了多种声音,展示了多元化的视角,给当时的电视屏幕带来了极大的活力。

第三节　个性形象与个性心理特征

播音员主持人的个性形象的形成与他们每个人不同的心理特征有紧密的关联。心理特征主要包括三个方面:能力、气质、性格。

1　能力特征

播音员主持人的能力主要指的是播音员主持人能够成功地完成节目制作、播出所必须的个性心理特征。能力的强弱关联着节目质量的高低。人们常可看到同样的时间段,同样的节目性质、内容,而受众的收视率却很悬殊,究其原因,大多是由于播音员主持人能力的强弱不同导致的。

2　气质特征

气质是播音员主持人个性心理特征的重要组成部分之一。它是由播音员主持人原始的自然特性与后天的社会特性构成的。

播音员主持人的气质既表现在情绪产生的快慢、情绪体验的强弱、情绪状态的稳定性及情绪变化大小上,也表现在思维、动作、言语速度和灵活性上。

播音员主持人的气质特征大致有如下几种表现:

(1) 活泼型

这类播音员主持人的神经素质反应较强,而且平稳,灵活性也比较强。具有较明显的多血质的、外向的气质特征;具有可塑性和外倾性;情绪兴奋性高,抑制能力差。

表现为活泼好动、反应迅速敏捷,喜欢与人交谈,在播音主持艺术创作中容易与受众接近;信息互换快,面部表情丰富,体态语言运用较形象且富于变化,播讲语速一般较快。

(2) 冷静型

这类播音员主持人的神经素质反应较弱,但较为平衡。具有明显的黏液质的气质特征;感受性低而耐受性高,情绪兴奋性低,内倾性明显;反应速度慢,安静稳重,性格较内向,情绪不易外露,注意力比较集中。

表现为在播音主持艺术创作过程中较沉着冷静,能在不良环境中保持较好的注意力;逻辑思维能力较强,较重视稿件中论据论证的使用;脱稿或无稿播音主持创作时较注重真实,很少使用夸张的修辞方法。

(3) 温顺型

这类播音员主持人具有多血质与黏液质的某些气质特征;感受性低而耐受性高,情绪兴奋与抑制比较平衡,具有可塑性;敏感性较低,性情温柔,情绪稳定,热情而不冲动,善于忍耐。

表现在播音主持艺术创作中,他们能够注意从受众的需要出发,尽可能地满足受众对播讲内容、播讲方式方法等方面的期待。

(4) 沉默型

这类播音员主持人具有明显的抑郁质的气质类型;反映速度慢,体验深,缺乏灵活性;性情比较孤僻,性格内向,沉默寡言,不善言谈交际。

表现在播音主持艺术创作中为不善于用体态语言同受众沟通,不爱正视受众的期望;不善于主持类节目的创作,往往一味按照事先准备的内容播讲,不愿意改变原有程序。

优点是善于注意细小的内容,想象力丰富;播音主持创作中情绪稳定,很少受不良情境的影响与干扰。

(5) 急躁型

这类播音员主持人具有明显的胆汁质气质类型特点;情绪兴奋性高,抑制能力差,反映速度快,但不灵活;性情直率,性格外向,待人热情,精力旺盛,情绪易于激动。

表现为在播音主持艺术创作中,动作敏捷,步频较快;播音主持节奏性强,播讲速度较快;体态语言富于变化,具有一定力度。

上述这些类型主要是从人的生理特性,或者说是人的先天性划分的。根据古希腊医学家波希克拉底的"液体学说"以及俄国科学家巴甫洛夫高级神经学说,人的气质固然有先天性的特点,但也不能否认后天影响对气质形成的重要性以及气质本身的可塑性。播音员主持人由于自身工作的特点和自身发展的需要,对可塑性的要求就更高了。

如多血质的播音员主持人在语言表达上,有声音甜美、语调活泼、语速轻快、言语生动幽默等特点,比较适合主持综艺、游戏类节目。但播音员主持人经过不断的总结、学习、磨炼,是可以做到不同类型气质的积极面相互弥补,从而以更趋完善的气质特点投入到播音主持工作中去的。播音员主持人掌握四种气质类型的优良份额越多,其形象也就会越完美。

3 性格特征

性格也是一种心理特征。它是指人的性情品格,会稳定地在待人处事的态度和行为方式上表现出来。播音员主持人各异的性格特点也会不可避免地表现在他们的播音主持作品中。

根据有关人士的研究,性格有多种类型。大致有:理智型、疑虑型、情绪型、外向型、内倾型、混合型,等等。不同特质的心理特征对形成不同气质和不同外在形象起到的作用是很大的。播音员主持人的创作也是如此。

有的主持人在节目中快人快语,他的性格就往往是外向型的,平时不拘小节、心直口快;有的主持人在节目中幽默诙谐,他的性格是属于理智型的,在日常生活中也往往是风趣智慧,包容性强。

播音员因为和主持人在节目中的身份不一样,他们是"照本宣科"。尽管如此,播音还是呈现了丰富多彩的个性风格。有的播音严谨庄重,那么这位播音员的日常处事也往往沉稳成熟。俗话说,"性格即命运"。不过,我们不能说性格即风格,但是,我们每个人固有的风格对播音主持个性形象的建立有不可置疑的作用。当然,不管何种性格,不能不受约束地带到播音主持节目的创作里,而是要服从节目,也就是服从节目表达内容的需要。

第四节 如何建立鲜明的个性形象

播音员主持人的创作是艺术创作领域中的一个类别。鲜明的个性形象是艺术作品成功的象征。追求播音和主持作品的个性鲜明，是众多播音员主持人的专业奋斗目标。和任何事业成功的模式一样，要成功就必须"勤奋＋天才"。天才，就是我们俗称的天赋条件。这里，我们可以理解为好听的音色、姣好的容貌，以及较高的领悟能力。这两者相对而言，勤奋更重要。因此，我们要在后天的勤奋上下功夫。

1 对播音主持艺术创作有敬畏感

播音员和主持人在节目中的身份是不一样的。虽然都是和受众进行交流，但播音员通过转述作者的稿件内容进行，主持人则以"我"的身份来实现。不管身份有什么区别，但他们都是党的喉舌，是党和政府联系群众的桥梁。这是共性所在。个性可以千姿百态，但都要在共性的引领下展开。

2 拥有高尚的品位格调

品位格调和收听收视率是相互促进的统一体，不应成为"鱼和熊掌"的问题。如果我们的播音员主持人能够以独特而新颖的视角去关注社会，以客观深刻又不乏幽默轻快的品位格调讲述身边的人和事，坚守应有的操守，以高尚的风貌来启迪大众，最终一定能够得到多数人的支持和喜爱，获得双赢的效果。

（1）品位格调是个性张扬和审美愉悦的底线

对播音员主持人个性化问题的理解、阐述，既有体系的评价标准也有受众的认可原则；既有各级决策者间遵守的某种默契，也有个人审美意识的体现。但品位和格调仍是播音员主持人把握高层次精神文化享受和感官上获得充分愉悦的审美底线。

(2) 品位格调要符合人民大众的审美喜好

播音与主持语言是艺术语言,它源于生活又高于生活,必然有审美品位和格调的要求。播音主持的表达来自生活,是说它的"接地气",它的通俗化。但是,通俗并不是庸俗。

因此,播音员主持人不能一味迎合部分受众低俗的审美需求,需要对他们的审美需求加以引导,用健康正确的审美标准去影响他们,提高他们。如果播音与主持的艺术表现没有完成生活到艺术的过渡,那么,再深刻的思想内涵和再完美的艺术形式都将无法达到媒体赋予的宣传任务。

播音员主持人无可置疑地担负着引导社会舆论和培养公民高尚道德理想的重要社会责任。因此,对于作为"把关人"的播音主持人员来说,应当把生活现实本身而不是受众的主观需要作为文稿采写和有声语言转达的准则,切实担负起提高社会大众鉴赏品位和提升整个民族文化层次的社会责任。

(3) 建立高尚的情操和人格魅力

许多播音员主持人让广大受众敬重喜爱,除了他们的播音主持作品有独特的个性,还有很重要的一个原因,就是他们言行一致,真诚做人,真诚对待受众。我们的前辈齐越先生下基层时,总是会为工人农民献上激情的朗诵,对每位听众来信总是一封一封地亲自回复,甚至对听众的家庭困难他都会上门帮助解决;2008 年汶川地震时,主持人倪萍尽管自己当时也急需花钱给孩子治病,但国难当前,毅然给灾区捐出 100 万人民币;一位著名电视主持人把观众的困难当作自己的困难。那年,他收到患癌症观众来信,信中要求主持人帮助他找一个好医生。这位主持人不仅帮他找到了好医生,还以个人名义资助这位观众 10 万元钱。至于他放弃上央视春晚去为民工的网络春晚当主持人的事迹,更是作为佳话流传至今。应该说,这种情操和人格魅力让播音员主持人的个性形象更加突出,更加鲜明。如果说广大受众被他们吸引,那么,可以这样认为,受众热爱、欢迎他们,不光是钦佩他们的精湛的专业水平,鲜明的个性形象,更钦佩的是他们身上散发的人格魅力。

3 锤炼敏捷的思维能力

我们在工作、生活、学习过程中总会遇到问题。要解决这些问题必定要"想一想"。而"想一想"，就是思维。思维能力包括想问题的广度、深度和速度，有强弱、高低的不同。在工作过程中，特别是在现场直播中，思维能力的高低、强弱对于播音员主持人，更是起着举足轻重的作用。思维的能力和方式的异同常常是决定播音员主持人个性形象的重要因素。看到撒贝宁这么一段对嘉宾的回话：一位八十多岁的老人在节目中对撒贝宁说：我认识你，在电视里头经常看到你。但是你不认识我。撒贝宁给了一个赢得全场热烈掌声的回答，"我不认识你，那是因为我实在考不上清华计算机学院。"为什么是清华大学计算机学院呢？因为这期节目邀请的嘉宾是中国科学院院长、清华大学人工智能研究院院长张钹老先生。话还没说完，台下就掌声四起。这就是回话的技巧。这个技巧来自撒贝宁敏捷而独特的思维，让人回味无穷。

这段饶有情趣的回话充满了智慧，蕴含了多层的意思，富有韵味。我们知道，撒贝宁是北大的高材生，博览群书，有丰富的知识储备量。要拥有这些能力，就要对自己进行"有目的、有计划、有系统"的训练。要获得这些能力，就得不怕艰难，刻苦磨炼，持之以恒。

4 悉心研究名播音员、名主持人的创作特点

中国人民的广播电视事业培养和锻炼了一批优秀的被人民大众所熟悉和喜爱的播音员和主持人，他们成功的经验是我们宝贵精神财富的一部分。熟悉他们的播音主持生涯，研究他们的个人经历，学习他们思考问题的角度，揣摩他们遣词造句的特点，琢磨他们有声语言表达的窍门，这些是想要形成个人特色的播音员主持人要做的不可或缺的事情。

5 苦练语言表达技巧

有声语言的基本功当中，我们要仍然重视吐字发声的训练。坚持这一训练，使我们的声音一直保持圆润饱满，让受众得到美的声音的享受。

有声语言表达的技巧，怎么运用？也是需要我们去下功夫琢磨的。在

同样的一句话里,选择不同的停连、重音、语气,在同样的一篇稿件中,运用不同的节奏,就有不同的效果。而播音员主持人不同的个性形象就寄寓在这些不同的处理中。

播音员主持人与受众情感上的融合是通过有声语言来实现的。在与受众的沟通中要让自己的喜怒哀乐溢于言表,使黑白泾渭分明,就必须具有驾驭有声语言技巧的能力。

在与受众的情感沟通中,播音员主持人有声语言的音量高低、音调转换、节奏快慢都能传递一种情意,甚至可以表示出语言中不能表达的意思。如语调的变化能给人以新鲜感,从而引起受众的热情;节奏的变化会使受众兴奋,增加兴趣;有意识地使用停连、重音等技巧,能使受众回味无穷,引发情感发生变化。播音员主持人只要能灵活地运用这些表达技巧,就能实现与受众的情感沟通和达到展现个性魅力的目的。

播音员主持人个性魅力的展现,有赖于有声语言的"外化"。所谓有声语言外化,就是运用"口头语言"艺术地传递信息、交流思想、沟通情感。具有个性魅力的播音员主持人必须具备出众的语言表达能力。

感 悟 与 思 考

1. 怎样理解播音员主持人个性形象与节目风格?

2. 为什么说成功播音员主持人的风格都具有自己的"不可替代性"?

3. 为什么说语言艺术风格独具一格是播音员主持人成熟的标志?

4. 播音员主持人的个性心理特征有哪些?

5. 为什么说个性魅力依赖于自身素质的不断提高?

6. 怎样反映出播音员主持人独特的性格特征?

7. 为什么说气质是播音员主持人典型稳定的心理特征?

8. 怎样培养播音员主持人的健全人格?

9. 为什么说品位格调是播音员主持人的灵魂?

第四编

播音与主持美学修养

第一讲

播音与主持美学修养

第一节　美学修养是播音员主持人的重要素质

播音与主持工作是以有声语言为主要工具进行广播电视传播活动的艺术创作工作。播音与主持是有声语言的一项创作活动,在广播电视传播中具有不容忽视的重要地位和特殊作用。

播音与主持语言艺术创作具有很强的实践性,对播音员主持人的要求很多,无论从政治、哲学、社会学、逻辑学,还是从语言文学、心理学、美学方面,都应具备一定的素养。而美学修养就是其中一个十分重要的素质。

1 播音员主持人必须学会鉴别美、欣赏美

从美学意义上看,播音员主持人是播音与主持艺术审美价值的创造者。而作为审美价值的创造者,首先应该具有懂得美的能力。面对美的形式和内容,不知其美,或者对美的形式和内容最多只是似是而非的机械模仿,那么,哪里还谈得上审美价值的创造呢? 其实,每个智力健全的人都有一定的美的欣赏经验,但应该强调的是,作为一个优秀的播音员主持人,只具有一般的美的欣赏经验是不够的,而应是一个对美具有较高境界欣赏能力的人。

2 播音员主持人必须熟悉并掌握美的创造规律

播音员主持人的中心工作是用有声语言与受众进行交流。这种交流既

应该具有传递信息、传播科学知识、阐明方针政策、揭示社会生活的传播价值，又应该具有审美价值。传播价值的创造主要受传播规律的支配，而审美价值的创造则更多的是受美的创造规律的支配。

从美学角度看，播音员主持人用有声语言与受众进行交流的艺术创造过程，就是一个按照美的创造规律发现美、选择美、加工美和创造美的艰苦过程。如果不具备必要的美学修养，不熟悉不掌握美的创造规律，就不能够很好地发现并抓取有声语言艺术创作过程各个环节中所蕴含的美，也就不善于按照审美理想对这些美进行加工、改造、创新和显现，那么，要创作出具有较高审美价值的播音主持艺术作品，几乎是不可能的。

3 播音员主持人应具有丰富的想象力

想象力是促进人类发展的最大的天赋，因为想象是创造性的，是一种心灵的创造，凡是创造性的活动，都离不开想象。想象力对于科学发明和艺术创造尤为重要。爱因斯坦曾经断言："想象力比知识更重要，因为知识是有限的，而想象力概括着世界上的一切，推动着进步，并且是知识进化的源泉。严格地说，想象力是科学研究中的实在因素。"（《爱因斯坦文集》）

想象力对播音与主持有声语言艺术创造更为重要，因为播音与主持有声语言艺术创造很多依靠形象思维，而想象则是形象思维的主要方法。想象是播音员主持人进行播音主持创造性实践活动的必要条件，是对内容进行再创作的基本手段。播音员主持人在创作中思接千载，视通万里，翱翔于想象的广宇之间，叙事论理、寄寓情趣、典型概括、揭示真谛，这些无一能离开想象。

广播电视传媒是信息传递与视听艺术相结合的综合载体，肩负着信息传递和艺术感染的双重传播功能。与此相适应，播音员主持人所从事的有声语言艺术创作活动，既带有大众传播的性质，又带有艺术创造的性质。也就是说，播音员主持人的创作活动不仅要研究表达与传播的内容，而且要研究表达与传播的艺术形式。如果没有丰富的想象力，形象思维贫乏，思考问题必然思路狭窄，也难以有新颖独到的见解。人的想象力和思维能力是紧密相连的，让自己跳出原本的认知范围，让思路朝着不同的方向展开，我们的思考灵敏度才会越高，我们才能看得更多、想得更远。所以，想象力是播音员主持人必须具备的重要能力之一。

播音员主持人可以通过学习心理学、思维科学、艺术学等学科,在播音与主持的创作实践中去学习、锻炼和培养自己的想象力。最直接、最有效的途径莫过于学习和参与审美实践,因为在美的欣赏和美的创造活动中,想象力体现得最突出、最活跃。

4 播音员主持人担负着提高受众审美意识的教育引导任务

按照接受美学的原理,在播音员主持人、传播内容和受众的三者关系中,后者并非被动因素。作品价值的实现,是由播音员主持人与受众共同参与的主客体交互作用的结果,而最终的实现却在所有受众欣赏、评论的总和之中。这一美学原理对于正确处理播音员主持人、传播内容和受众这一三角关系,是有启发意义的。它告诉我们,播音与主持作品稿件的传播价值、审美价值的实现,不仅决定于播音员主持人的有声语言能力和传播内容的质量,而且决定于受众的读解能力和水平。因此,播音员主持人把传播内容转变为有声语言,才仅仅是完成了总任务中的一个任务,播音员主持人还在担负着另一个任务,即对受众进行审美的引导和影响,这时传播总价值才最终实现。

第二节 播音与主持艺术作品的审美特征

优秀的播音主持艺术作品可以包含崇高的精神境界,丰厚的民族文化积淀。规整扎实的有声语言功底,刚柔相济、圆润优美的声音色彩,博大隽永的作品内涵以及宏伟浩荡的时代画面,都会显示出播音与主持艺术的气韵和魅力。

1 播音与主持艺术的气势美

解放战争时期,淮海战役进入第二阶段,毛泽东写了《人民解放军总部向黄维兵团的广播讲话》《刘伯承陈毅两将军向黄维兵团的广播讲话》两篇广播稿在陕北新华广播电台播出了。被包围的国民党高级将领听了广播后,犹如四面楚歌、坐卧不安。许多中下级军官和大批士兵在偷听广播中了解了人民解放军宽待俘虏的政策,纷纷缴械投降。在最后歼灭敌军的战斗中,陕北新华广播电台于 1948 年 12 月 17 日起反复广播了毛泽东写的《敦促杜聿明投降书》,对被包围的国民党军官兵展开了声势浩大的政治攻势。1948 年底,陕北新华广播电台又广播了毛泽东为新华社写的新年献词《将革命进行到底》;1949 年 4 月 21 日北平新华广播电台反复播出的《向全国进军的命令》及次日播出的毛泽东撰写的《我三十万大军胜利南渡长江》《人民解放军百万大军横渡长江》两篇重要消息,以气壮山河、摧枯拉朽之势,反映了百万雄师过大江的宏大场面,风驰电掣般的大进攻战及辽阔宏伟的战场。这些"翻江倒海卷巨澜""天翻地覆慨而慷"的恢弘气势,都是那个时代播音与主持气势美的集中表现。

车尔尼雪夫斯基说:"静观伟大之时,我们所感到的或者是畏惧,或者是惊叹,或者是对自己的力量和人的尊严的自豪,或者是肃然拜倒于伟大之前,承认自己的渺小的脆弱。"(《美学论文集》)

车尔尼雪夫斯基所说的"伟大"就是一种气势。那么那些反映钱塘江大潮、秦始皇兵马俑、北京天安门广场、万里长城等的播音与主持艺术作品,怎能不使受众感到它们的壮观、伟大、崇高呢?受众感受到的那种震撼,正是由播音员主持人所创造的气势之美。推而广之,当播音员主持人要驾驭大场面的综艺节目、体育赛事等内容时,就应该把这种受众期待的气势美准确地传达给受众。

2 播音与主持艺术的情趣美

同播音与主持气势美相对应的是播音与主持情趣美。所谓播音与主持作品的情趣,就是播音员主持人热爱生活、熟悉生活并将生活生动地反映在播音与主持艺术作品中的一种审美感受。

我国古代文学家李渔认为"机趣"二字,填词家必不可少,并进而解释说:"机者,传奇之精神;趣者,传奇之风致。少此二物,则如泥人土马,有生形而无生气。"(《闲情偶寄·词曲部》)姚鼐在《复鲁絜非书》中说:"其得于阴与柔之美者,则其文如升初日,如清风、如云、如霞、如烟、如幽林曲涧,如沦,如漾,如珠玉之辉,如鸿鹄之鸣而入寥廓。"

播音与主持艺术作品如果失去气势美,便没有了齐越的气势磅礴、豪放洒脱；夏青的端庄严谨、铿锵隽永；方明的陈缓深切、凝劲悠远；铁城的酣畅淋漓、神采飞扬；赵忠祥的遒劲深挚、舒展质朴；宋世雄的高亢激越、畅达明快。而如果失去情趣美，便没有了林田的清新晓畅、娓娓动听；林如的文静淡雅、谦和柔美；沈力的徐缓舒展、温和恬静；徐曼的细腻婉约、绮丽旖旎。

《话说长江》之所以蜚声海内外，《阅读与欣赏》之所以深受国人喜爱；林如的《木兰诗》、方明的《一株小草》、徐曼的《致台湾一位女中学生》、雅坤的《文艺日历》、关山的《一个官员的死》、虹云的《不要使孩子成为流浪儿》、陈醇的《愿化泥土》等等优秀播音与主持作品之所以成为名作；《正大综艺》《综艺人观》之所以给观众带来幽默和欢娱，一语破的——情趣使然。

正如俄国著名批评家别林斯基所说，有了情趣，作品的主题思想才能"不是教条式的表现出来的抽象概念，而是作品的灵魂，充满于其中，犹如水晶里充满了光亮一样。"

无论是气势美还是情趣美，优秀的播音与主持作品都应该用美的理想之光去照耀，给人以精神的原动力，使人变得更高尚和美好。

3 播音与主持艺术的意境美

在美学传统上，中国重写意，而欧美重写实。我国的播音与主持艺术实践在继承写意美学传统的基础上，又吸收写实的美学风格，在解决虚与实、形与神、情与景、主观与客观等方面都有突出的建树。那些真正具有美学力量的播音与主持作品，从来不是刻板地照播、照念，也决不是简单地"高音大嗓"或"絮絮低语"，而是对稿件进行高度理解、加工，最终提炼而成的结晶。

播音艺术家齐越先生播录的《县委书记的榜样——焦裕禄》，这篇通讯的开头有一段关于兰考灾情的描写："1962年冬天，正是豫东兰考县遭受内涝、风沙、盐碱三害最严重的时刻。这一年，春天风沙打毁了20万亩麦子，秋天淹坏了30万亩庄稼，盐碱地上有10万亩禾苗碱死，横贯全境的两条黄河故道，是一眼看不到边的黄沙；片片内涝的沙窝里，结着青色冰凌，白茫茫的盐碱地上，枯草在寒风中抖动。"齐越先生没有将感受停留和局限在痛心与同情上，而是有独到见解。他认为作品应该是表现焦裕禄眼睛里看到灾情的心态，即焦裕禄看到灾情，一方面同情灾区人民，一方面有"我要战胜灾情"的决心。基于这样的感受,齐越先生在创作中表达的不是用简单的沉痛、惋惜的基调,而是以沉重为底色,同时更加入了顽强、坚定的基调,使得作品的感染力更强,表现出了革命者面对困难不同一般的思想境界。

综观我国优秀的播音与主持作品,大都将写意与写实的审美手法紧相糅合。意境美可以使播音与主持艺术作品更加凝练,更富有诗情和哲理。

4 播音与主持艺术的含蓄美

优秀的播音与主持作品,需要高度的思想性和完美的艺术性的统一。然而,我国广播电视播音与主持作品中仍有不少作品存在直、露、浅、粗的毛病,缺少含蓄美。含蓄美和意境美一样,也是播音与主持艺术创作的一条美学原则。

直者不善曲,露者不善隐,浅者不善深,粗者不善细。而曲、隐、深、细莫不与含蓄美有关联。播音艺术家林如的播音与主持作品深受广大受众的喜爱,也得到了有关专家、学者的好评。有人评价说:"林如的播音具有美学高度,含而不露,自然平易,没有雕琢的痕迹。"正是这"感情浓缩的清淡"构成了她播音风格的基本特征和审美价值。这种含蓄美的思想性不特别指点出来,而是让文章态度的倾向性在情节和人物形象中自然而然地流露出来。

如通讯《假如党员都像她》中有这样一段描写:"第二天下午,彭大娘如风似火地赶到了大儿子于石奇所在的解放军某部二机枪连。她从迎候在路旁的部队领导和同志们的严肃表情里意识到:儿子凶多吉少,也许已经不在人世了。果然,部队领导同志沉痛地告诉她,5月23日下午,于石奇同志在一次施工的意外塌方中为救三个战友壮烈牺牲了。听了这噩耗,彭大娘顿时觉得天旋地转……"

这段话,林如在"如风似火""不在人世了""壮烈牺牲了""天旋地转"等词语的表达上,没有刻意渲染,反而注意控制语势,用内在、含蓄、深沉的语言处理方法,将彭大娘的精诚之心和作者对彭大娘的颂扬之情传达给了受众,引起受众对彭大娘的由衷敬佩。假如林如不用含蓄的表现手法去塑造彭大娘的形象,那么彭大娘内心世界的美就难以体现,只会显得单薄、流于一般了。这就是古人所谓"秘响旁通,伏采潜发"吧。

含蓄美,给受众留下了想象的天地、创造的天地、咀嚼的天地,它比直白、直抒的天地不知要广阔多少倍,因而更能引起受众的共鸣,引起受众的认同感。含蓄美在播音与主持艺术美学上的价值是很高的,有美学理想的播音员主持人,应该勇于摘取这颗播音与主持艺术王冠上的美学宝珠。

第三节　播音员主持人提高美的欣赏能力的途径

1　努力提高文化修养

播音员主持人的专业能力不是天生就有的,而是经过长期的播音与主持艺术实践培养造就的。播音员主持人的审美能力,即审美感受力、审美理解力、审美判断力等能力,都是以一定的知识储备、文化修养等因素合力发酵、作用的结果。从这个角度来说,播音员主持人的知识储备越多、文化素养越高,其审美能力也就越强。这在播音与主持审美欣赏中表现得十分明显。

从外在形式看,优秀的播音员主持人都具备扎实、丰厚的语言功力;从深层次看,是因为他们具有广博的知识和运用这些知识的能力。优秀的播音员主持人一般接受过良好的教育,接受过扎实的专业基本功训练,在文、史、哲、经、法、社等社会科学方面有较丰富的知识,也有自然科学方面的基本常识,并热情注视着新学科、新成就。

在播音主持创作中,如果知识储备少、文化素养浅薄,就会望形生音,望文生义,孤陋寡闻,不求甚解,不懂装懂。播音艺术家陈醇先生在数十年的播音生涯中,始终把播音艺术创作当作一门学科来对待。他认为,没有扎实的知识积累,靠耍小聪明是完不成播音与主持艺术创作的,只有经过长期不懈地"勤于学习,精益求精",努力增加知识储备,不断提高文化素养,才能"向人民奉献最优美的声音,做一个深受人民欢迎和喜爱的播音员"。

2　积极参与审美实践

审美实践是播音员主持人社会实践的重要组成部分,是获得审美经验的最主要途径。播音员主持人在审美实践中获得的美感体验,经过大脑的记忆、存储及分析、综合等过程,进入意识,最终形成播音与主持时的审美经验。

同知识储备一样,审美经验的储备能为丰富、发展和深化播音员主持人的审美实践提供客观依据。实际上,在播音与主持审美实践中,播音员主持人不可能离开自己的审美经验而单独地感知。如果没有记忆中美的表象材料,新的审美表象就无法产生。

播音艺术家齐越教授在创作《把一切献给党》作品时,就是遵循了情绪记忆、存储及分析、综合的原则,即自己"从事广播工作的生活经历,为我提供联想来源",才取得了使受众"犹如久旱禾苗逢甘雨"的审美效果。

播音艺术家陈醇先生创作的播音作品《京剧艺术讲座》影响深远,受到各方高度赞誉和评价。这套讲座共 40 讲,较系统而又多侧面地反映了从 1870 年徽班进京以来,近 200 年内京剧艺术的辉煌成果,重点论述了各流派创始人及杰出演员、乐师的不朽业绩,分析了京剧发展各时期的经典性著名唱段和唱句,作品涉及知识面广、技术性强、播音创作难度很大。陈醇先生之所以能在播音创作中驾轻就熟,心有灵犀,除了得益于他过硬的播音专业基本功,广博的知识面,真切的内心情感外,应该说还得益于他在青少年时期在北京居住时身边的京剧艺术氛围,他所接触到的京剧名家,耳濡目染的京剧艺术,这些都是他在播送《京剧艺术讲座》时的审美经验,因此他播起来才能栩栩如生、惟妙惟肖。陈醇先生是在用他的心,用他整个丰厚的"积蓄"在播。

3 热情投入火热的生活

播音艺术家齐越有句名言曰:"生活是我创作的源泉。"(齐越《寄语青年播音员》)

作家巴金说:"生活的确是艺术创作的源泉,而且是唯一的源泉。古今中外任何一个严肃的作家都是从这唯一的源泉里吸取养料,找寻材料的。文学作品是作者对生活理解的反映。尽管作者对生活的理解和分析有对有错,但是离开了生活总不会有好作品。"

从自然界的名山大川、江河湖海、星空皓月,到人类社会的人文历史、现代科学技术、民族风情等等,凡有生活实践的地方就有美的存在。生活中不仅到处都有美,而且到处都有诸如比例、匀称、均衡、节奏、韵律、对比、和谐、多样、统一等等美的规律和法则。因此,生活既是一个美的百花园,又是一部美的教科书,它不仅能使人们感触到美,而且还能教会人们怎样欣赏美和创造美。

把生活作为实践主体,这是播音员主持人创作的依据和动力。当然,美并非对任何播音员主持人都是同等慷慨的,它鄙视那些不热爱生活、不愿意学习、懒于思考的人。因此,要发现和捕捉生活中的美,就必须满腔热情地投入生活的怀抱,勤奋学习,积极思考,执着地追求,勇敢地创造。生活中,要用心地感受周围世界,善于观察、善于记录,无论是直接的生活积累,还是通过阅读、欣赏艺术作品得来的经验,都珍藏于心。只有这样,才能逐渐读懂生活这部美的教科书,才能不断得到美的赐予,才能逐步提高美的欣赏能力和创造能力。

第四节　播音与主持艺术创作方法的美学性质

播音与主持是有声语言艺术创作活动,它的创作方式中包含有较多的高层次的美。

播音与主持作品内容具有政治性、新闻性、政策性、宣传性、教育性、科学性、知识性、趣味性的特征。这些特征必然需要用有声语言艺术的情感性、鼓动性、规整性、个体性、独创性、控制性、自如性、多样性来体现。

1 情感性

(1) 共性情感是基础

共性情感包括两个方面:一方面,正如张颂教授所言:"……包括了世界上最优秀的品德、最珍贵的素质,诸如宽广的胸怀,纯真的情操、美好的憧憬、深邃的境界、蓬勃的志趣,灵动的活力等。"另一方面,中国播音员主持人无疑起着党和政府的"喉舌"作用,因此,播音员主持人对党和政府方针政策的认同感、一致性的态度,体现了整体利益的共性情感,也成为产生准确、真切情感的基础。

(2) 个性情感的独特性

播音员的创作属于"二度创作",是在稿件基础上的再创作,主持人也是在节目定位和主题设置的前提下进行节目的主持创作。但是,无论是播音还是主持,都不能被动地"转述",不能完全用共性的东西代替创作中个性的东西,需要有独特的个性情感的表达。也就是说,播音员主持人情感的运动需要随着作品内容而变化,但这种变化因个性情感的不同而反映出不同特征的心灵火花。

2 导向性

播音员主持人的工作对象是具有思想、意志、情感、能力、性格的人——受众,受众通过播音员主持人的有声语言表达,了解国内外大事,明确党和政府的工作重点,理解政策精神,把握形势发展趋向,从而得到启发、受到鼓舞;或者获得精神文化享受和感官上的愉悦,获得教益,放松身心。

从内容的审美来说,优秀的播音主持创作可概括为:在节目中以科学的理论武装人,以正确的舆论引导人,以高尚的精神塑造人,以优秀的作品鼓舞人。

从表达形式的审美来说,优秀的播音主持创作情感真挚、亲切自然、个性鲜明、生动感人;而一些播音主持作品则嗲声嗲气、矫揉造作、或冷冰冰、无动于衷,像读字机器,这些现象不符合大众审美的需求,降低了广播电视节目的品质,影响了广播电视节目在受众心目中的形象。

因此,播音员主持人对传播的影响力是显而易见的,受众接受着广播电视有导向性的传播,播音与主持的有声语言艺术便是这种导向性的客观存在。

3 驾驭性

播音主持的"驾驭性"表现在两个方面:即"自如性"和"控制性"。

"自如性"是指播音员主持人在播音主持创作时对情、声、气的适应能力。有的播音员对某种内容、某类体裁的稿件、对某些声音形式是适应的,就叫有自如性。对此外的一些不适应，就叫没有自如性或缺乏自如性；"控制性"是播音员主持人在播音主持创作时对情、声、气的支配能力，是播音员主持人对不同内容、不同体裁的稿件，不同声音形式、气息状态的能动把握与控制。

在播音主持创作中，对于情、声、气的驾驭，必须处理好"自如性"和"控制性"的关系。"自如性"与"控制性"是对立的统一，没有"自如性"就失去了主动性，成为机械运动；而没有"控制性"就失去了确定性，成了随意运动。

一般说，"自如性"过多，就会不知如何调动情感，对气息、声音缺乏正确的控制、驾驭，给受众以模糊、轻率之感，似乎情感摆脱了理智；"控制性"过强，情、声、气就会显得僵硬，带有明显的僵化状态。就会表现出如气浅声高、气足声压、语势呆板单一、停顿四平八稳，或情景再现不丰富、内在语不充分、对象感欠具体、语言目的太笼统等现象，给受众以造作、不自然之感，好像理智在取代情感。

我们所说的"自如性"，一定与"控制性"一致，一定有正确的语言目的，一定有丰富的思想感情的运动，一定有扎实的语言技巧，并统一于稿件中，达成于话筒前。我们所说的"控制性"一定在可能的基础上，发挥自己的优势，扬己之长，避己之短，实现自如的控制。

在播音主持艺术创作中，处理好这两者的关系，就在于创作主体——播音员主持人的驾驭能力和驾驭艺术。

4 规整性

"规整性"是播音与主持有声语言艺术的基本特点，它主要指有声语言的规范性、工整性、准确性。它至少具有以下几个特征：

字正腔圆，呼吸无声。由于话筒的灵敏度越来越高，呼吸控制不好，就会给受众造成上气不接下气的感觉，所以，播音与主持有声语言艺术要求创作中必须语音纯正、吐字清晰、声音明亮、音质圆润，要有韵律美，切忌音包字、秃噜字、咬字塌扁等，做到呼吸无声，发音干净。

格式正确，轻重恰当。现代汉语普通话里，有一些双音节词或词组是靠轻声来区别词义词性，或有约定俗成的轻重格式的要求。违背了轻重格式的规律，不但会使有声语言显得不规整，有时还会使语意不清、语气生硬。

逻辑严密,不涩不粘。播音与主持有声语言的表达必须十分注意按语法关系停顿连接,按主次关系突出强弱,按逻辑关系衔接呼应,按政策要求把握分寸等。不能生涩、拖沓,不宜粘连一堆或散乱一片。

语势平衡,不浓不淡。播音与主持有声语言艺术与其他有声语言艺术(戏剧语言、朗诵语言等)的不同,就在于播音员主持人在有声语言运用上切忌从语势上追求大起大落、忽上忽下,也不宜从色彩上刻意夸张、渲染。情感色彩太淡,会给受众以冰冷的感觉;而情感色彩过浓,也会影响内容的真实与客观。播音主持有声语言表达,重要的是在稳健中体现变化,在分寸上把握浓淡。

5 多样性

"多样化"大致表现在几个方面:个性的多元、语气的丰富、情感的变化、审美的多样。

(1)个性的多元。一方面根据节目内容和形式的千态万状,有的播音员主持人老成持重、稳健深沉;有的热情洋溢、和蔼可亲;有的文静睿智、循循善诱;有的开朗活泼、诙谐幽默;有的多才多艺、心灵手巧;有的秀外慧中、温柔细腻。另一方面,每一篇作品稿件都有它自己的个性,从内容、目的、基调到体裁、结构、语言特点都有不同于另一作品稿件的特质。这种种不同又相互渗入、联动交叉,不但不限制个性的充足发展,反会给个性化开辟更多的领域,拓展更大的空间,提供更多的机遇。不抓住播音员主持人的多样化及节目内容的差异性,就不可能有个性化、风格化的体现。

(2)语气的丰富。语气是播音与主持有声语言表达诸种技巧的中心,它不但体现播讲目的,还带动丰富的语势变化。不从语气入手和不通过语气显露,就无法造就播音员主持人个性语言特点和风格,就无法展现作品中形象化人物的语言特征,就无法准确体现诸种文体特殊性语言的表达,最终造成语言的雷同化,情、气、声的单一化。

(3)情感的变化。这里说的"色彩",是指由思想感情的变化、推动而造成的气息状态的灵活多变及声音的自如多彩。

播音与主持创作过程中思想感情的运动状态是不同于日常生活的,它比日常生活中的感情变化更集中、更鲜明,因而在播音与主持创作中需要更加鲜明、更加丰富的声音色彩变化。播音员主持人必须以情带声,以声传情,否则声音一定是僵硬的、呆滞的,必然会限制有声语言色彩的变化,导致播音与主持有声语言的空洞、僵滞及播音与主持创作中的"力不从心"。

(4)审美的多样。在传媒视野下,播音主持艺术涵盖了许多方面的审美内容,包括视觉艺术、内涵艺术、语言表达艺术、应变技巧艺术等多样化的审美要素。

播音主持作为广播电视节目的重要展示窗口,视觉艺术已成为播音主持艺术中的重要要素,成功的视觉艺术与播音员主持人自身的身材、外貌、气质、装扮及着装密不可分,与是否和广播电视节目自身的性质相契合密不可分;除了外在形象以外,播音主持的内涵艺术来源于播音员主持人深厚的知识沉淀、独特的性格特征和丰富的人生阅历,而这也是播音员主持人人格魅力的形成因素;播音主持的语言表达艺术不仅体现在声音的美感,更需要言语流畅、修辞优美、逻辑清晰,从而更好地传递节目主题,与受众之间形成顺畅的情感交流;播音主持艺术还涵盖了对于现场的综合把握。许多广播电视节目是实时播出,与观众的互动性极强,播音员主持人在现场的控场能力至关重要,一些始料未及的突发情况,如何随机应变、如何迅速稳定节目现场,保障节目流程顺利播出,播音主持的应变技巧艺术也是满足观众审美需求的重要方面。

6 独创性

个性风格是由播音员主持人的个性特征所表现出的、在播音主持创作中体现出来的独特魅力,是一个节目办得成功的必备条件,也是一名播音员主持人取得成功的关键。播音与主持有声语言艺术的独创性就表现在其中。

播音与主持工作是一项创造性的工作,是播音员主持人根据播音主持的创作内容、创作规律、创作技巧和创作要求而进行的一项有声语言艺术活动。同时,这种创作活动又是以播音员主持人的个体身份出现,以播音员主持人的个性品质为主要创作工具的,它包括了诸如:注意、感觉、知觉、想象、联想、情感、意志、性格和能力等等独特的个性特征。播音主持创作的风格、特征,很大程度取决于播音员主持人个人的品质修养、知识水平,取决于他

（她）的情感、想象、意志等个性特征。人们至今难忘播音艺术家方明真挚饱满的声音魅力、播音艺术家雅坤优雅高贵的声音魅力、播音艺术家林如含蓄淡雅的声音魅力。在电视节目中，人们之所以爱看《综艺大观》《春节联欢晚会》，也是出于对赵忠祥、倪萍、董卿、撒贝宁等这些新老主持人或宽厚博学、或多才多艺、或亲切随和、或知性得体的主持风格的喜爱。

感 悟 与 思 考

1. 为什么说美学修养是播音员主持人的重要素质？

2. 怎样认识气势美与情趣美要用理想之光照耀？

3. 为什么说意境美和含蓄美应该是播音主持作品追求的目标？

4. 播音员主持人提高美的欣赏能力的途径有哪些？

5. 播音主持的创作方法有哪些美学特征？

6. 如何理解播音主持艺术创作审美的独创性？

第二讲

播音与主持美学本质

　　中国播音与主持有声语言艺术发展到今天，其队伍之发展壮大，其作品水平之不断提高，确实造就了一大批的播音员主持人，涌现出大量作品。几十年历史的波涛大浪，荡涤着播音与主持艺术的领地，有的播音员主持人昙花一现，有的播音与主持作品喧闹一时，仅存余蓄；但有的播音员主持人则历久不衰，有的播音与主持作品依旧回味无穷。播音与主持发展史上的这一现象颇能耐人深思。

　　诚然，一部优秀播音与主持艺术作品应该"把党的主张和人民群众的意愿结合起来，把政策精神和社会实践融为一体，把传播的新事物和体现的新思想统一起来"。《论播音艺术》使其中的精神实质、人物事件、情况蕴藉、文才风格等都得到准确、鲜明、生动地表现，从而使受众受到鼓舞，获得教益，得到启发，甚至它对现实生活中某些现象的揭示，都能成为以后几代人的镜子，这样它才能够成为不朽之作。

　　但同样不可忽视的是，这些优秀播音与主持艺术作品之所以能够在他们那个时代产生影响并及于后代，是因为他们创造了播音与主持艺术的美，能够给不同时代，甚至不同地域、不同民族、不同职业、不同层次的受众以精神、情感的激荡——美感享受。播音与主持艺术美产生出它的时间延续性和空间共振，这和播音员主持人着力发掘审美对象的美学底蕴，表现自身的审美理想有很大的关系。对这个问题，我们应该有足够的认识并给予足够的强调。

第一节　播音与主持艺术美的本质

对播音与主持美的本质的看法,影响着对播音与主持美学一系列问题的看法,特别是对于解决播音与主持有声语言艺术方面的许多重大问题,对于播音员主持人创造美和欣赏美的水平的提高,都有重要的意义。

1 播音与主持艺术审美的客观性

任何美的东西总是具体的、形象的,是人们可以凭借自己的感官直接感受到的。说"这个播音与主持作品很美",并不是抽象的,而是具体的,是与这一作品的创作者赋予作品的特定的声音色彩、语言表达、情感分寸等评价内容相联系的。

美感只能从对美的直接感受中获得,抽象的概念是无法引起人们的美感的。譬如,人们认为当年齐越的通讯播音作品很美;夏青的政论播音作品很美;林如的专题播音作品很美;陈醇的散文播音作品很美;方明的文学播音作品很美等等,但是,这种对他们播音作品美的赞誉不可能是抽象的,而是具体的,必定与齐越在其作品中能"围绕人物做文章"成功地塑造作品中人物性格,善于运用作品中人物语言特征体现人物性格,善于抓住作品中人物的典型动作以及人物在解决各种矛盾中的主要行动来塑造人物性格,善于从作品整体上把握人物性格相联系的;是与夏青在艺术创作中对分寸的把握、逻辑的体现、语言技巧的运用相联系的;是与林如艺术创作中的自然质朴、含蓄深沉、没有雕琢感,充分体现"无我"审美境界相联系的;是与陈醇具备良好的文学修养,社会阅历广,有声语言训练有素,基本功坚实,表达技巧纯熟、运用自如,刚柔得体、分寸恰当并形成庄重、朴实、形象的艺术风格相联系的;是与方明艺术创作中能将感情激越奔放与细腻深沉的有机结合,意境创造上写意传神与工笔细描相结合,语言形式上跌宕舒展与和谐圆润相结合相联系的。

美不是抽象的理念,而是具体生动的形象和现象。审美就是观察美在客观现实世界的丰富表现。挖掘、寻找、创造那些有意思有趣味的事情和情节,就是播音与主持进行艺术创造的基本内容。

2 在播音与主持对象世界中具体地显示人的本质力量

播音与主持艺术美不仅是客观的、具体的、形象的，而且还具有一种强烈的感人肺腑的力量。受众对优秀播音与主持作品的溢美之词，也正说明了这一点。不论播音与主持作品是严谨庄重、稳健大方的政论文章，或是一呼即出、栩栩如生的人物通讯，还是细腻深沉、韵味十足的文学作品，受众都会情不自禁地感到赏心悦目，从而在精神上得到很大的振奋和感染。

(1) 播音与主持艺术美从精神方面愉悦人、感染人

播音与主持艺术美是一种观赏对象，它的效用是从精神方面愉悦人、感染人。它能陶冶受众的心情，激励受众的情感，启迪受众的思想，使受众的生活更加丰富、更加充满乐趣。如今，受众对广播电视播音与主持艺术的欣赏要求越来越高，就是一种对美的热切追求，就因为播音与主持艺术作品能满足受众精神生活方面的需要。

(2) 播音与主持艺术美是人的本质力量的对象化

美是不能离开人的，一个优秀的播音与主持作品之所以能愉悦人、感染人，就是因为这个作品在具体而又生动的形象中，显示着人的本质力量，因此，人的本质力量的对象化，就是播音与主持作品美的本质，也是受众为之赞赏和陶醉的根本原因。

(3) 播音与主持艺术美不能离开人的本质力量

播音员主持人在播音与主持艺术创作活动中所显示的品质、性格、思想、情感、理想、愿望、智慧、才能等等，都是人的本质力量的具体体现。这里所说的美不能离开人，就是不能离开人的本质力量，不能离开人凭着自己的本质力量所创造的丰富多采的生活。不论在自然界、社会生活和艺术领域里，一切美的形象都是生动地显示出人的本质力量的形象。

(4) 播音与主持创作过程是按照美的规律来塑造物体的过程

在播音与主持对象世界中具体地显示人的本质力量，并不是依靠播音员主持人的主观意识，而是依靠播音员主持人的社会实践，即播音与主持作

品创作实践。播音员主持人正是通过以播音与主持艺术创作为基础的创作实践活动,把自己的本质力量加以对象化,从而创造了播音与主持艺术美。

(5) 播音与主持审美追求是对自身本质力量的自我确证和积极肯定

播音员主持人按照客观规律和自身目的从事播音与主持艺术创作的实践活动是多方面的,也是丰富多采的。在优秀播音与主持艺术作品中体现出齐越的气势磅礴,夏青的严谨端庄,铁城的粗犷酣畅,葛兰的明快刚健都是很美的,因为他们都生动地显示了那个时代人的精神,人的力量。然而,方明的潇洒飘逸,林如的含蓄深沉,虹云的热情爽朗,也同样是美的,因为他们也生动地反映了他们那个时代人们积极向上的思想感情,充满了无限生机。中央人民广播电台播音主持的大度庄重;天津人民广播电台播音主持的形象生动;上海人民广播电台播音主持的晓畅自然;广东人民广播电台播音主持的活泼新鲜,也都是很美的,因为它使受众感觉到生活内容的欣欣向荣、丰富多彩。因此,播音与主持艺术美是一种客观存在的社会现象,是播音员主持人在认识和创作播音与主持艺术作品的实践活动中创造出来的,它不仅是一种具体、富有感染性的形象,而且是鲜明生动地显示人的本质力量的审美形象。播音员主持人和受众欣赏美、追求美,这是对自身本质力量的自我确证和积极肯定。

第二节　播音与主持艺术美的特征

单单考察播音与主持艺术美的本质只能获得比较抽象、笼统的认识。播音与主持艺术美的本质体现在美的特征中,要进一步认识播音与主持艺术美的本质,还需要考察播音与主持艺术美的特征。

1 形象性

形象性是指播音与主持艺术美具有一种能够以其具体感性的形象为受众的视听感官所感知的特征。

播音与主持艺术美具有形象性,是说播音与主持艺术美是一种具体生动的,具有一定观赏价值的形象,而不是一个抽象的概念。一张报纸摆在读者面前由读者自己欣赏,和受众坐在电视机、收音机前欣赏播音员主持人创作的播音与主持艺术作品,在读者和受众来说,看到和听到的都是形象,都有能够作用于受众感官的形象感。但是,前者显然没有播音与主持艺术作品所具有的美的属性,因为前者作为文字信息载体,所传导的是对象的自然信息,读者会因自己的领悟,造成认知上的误差;而后者所传导的是主体的情感信息,有时甚至要改变对象的形态,即播音员主持人自己对作品的理解和创造。

方明的播音作品《蝼蚁壮歌》,该作品总的基调是"热情赞颂",但在作品各个层次的表达中却有着丰富的变化和对比。这种对播音与主持作品的艺术处理,使受众十分明显地感到作品在节奏、语气上的变化,深刻而具体地体验到作者由鄙夷转而怜爱,由怜爱转而敬慕,由敬慕转而赞叹的感情色彩的丰富变化。

形象总是具体的,具体就是具有一定的感性形式。离开了这种感性形式,播音与主持艺术美就无所谓寄托。播音员主持人把自己体验过的感情传达给受众,引起受众相同的感情体验,以一定的审美物质手段,即播音与主持有声语言艺术表达技巧,加以外化,从而在对象——播音与主持作品内容上肯定自己的意愿。这里,形象是作为情感的对象存在,这是艺术作品和非艺术作品的根本区别,是自我欣赏和欣赏播音与主持艺术创作的根本区别,也是播音与主持美学本质所在。播音与主持美的形象就是这种内容和感性形式因素的统一。

2 感染性

感染性是指播音与主持艺术美具有一种能感染人、愉悦人,令人喜爱的特性。

播音与主持艺术美是形象的、具体的,它总是直接以其感性形式诉诸于受众的感知,所以播音与主持艺术美的欣赏不同于知识的接受,它的直接的结果是使受众获得情感的愉悦、精神的满足。

车尔尼雪夫斯基曾用爱情形象地比喻美的感染性和愉悦性。他说:"美的事物在人们心中所唤起的感觉,是类似我们在亲爱的人的面前时洋溢于我们心中的那种喜悦。我们无私地爱美,我们欣赏它、喜欢它,如同喜欢我们亲爱的人一样。由此可知,美包含着一种可爱的,为我们的心所宝贵的东西。"(《生活与美学》)播音与主持艺术美里面包含着爱、激情、力量等宝贵的东西,能够直接诉诸于情感,使受众受到感染。

播音艺术大家齐越认为播音与主持创造的核心是情感,只有当创作主体同创作对象中的人物情感产生某种联系时,播音与主持艺术创作才能获得成功。他每次创作都要求自己和作品中人物的思想感情息息相通,要满怀激情,想人物所想,急人物所急,恨人物所恨,爱人物所爱,做到思想感情上同呼吸、共命运,血肉相连,心心相印。如他 1966 年 2 月 6 日,接受了播录长篇通讯《县委书记的榜样——焦裕禄》的任务,由于蕴积内心的强烈播讲愿望的驱使,他以饱满的情感,流着眼泪,一口气播完了长达 70 分钟的作品内容,塑造了焦裕禄的丰满形象。

3 社会性

社会性是说播音与主持艺术美是播音员主持人的对象性的实践活动的产物,是一种社会的存在物,因此,它具有社会属性。播音与主持艺术美必须依赖社会而存在,它的作品内容也必然具有明显的社会性质,并还会带有时代的、民族的、阶级与阶层的色彩。

播音与主持艺术美不是静止的,而是发展的。它的存在和发展一刻也离不开对社会的依赖,它是在人类社会实践活动的推动下,在一定历史条件的制约下进行的。它所经历的每一个变化都深深熔铸着社会历史发展的烙印。正如车尔尼雪夫斯基所说:"每一代的美都是而且也应该是为那一代而存在……当美与那一代一同消逝的时候,再下一代就将会有它自己的美,新的美,谁也不会有所抱怨的。"(《生活与美学》)

在播音与主持审美活动中,受众可以很容易地感受到中国特色的播音与主持艺术作品与国外播音与主持语言表现的非常明显的民族差异,即使是典型的普通话播音与主持也是如此。这是因为我国的普通话播音与主持艺术已经形成了自己的特色,即中国特色,因此,在广播电视中可以很容易地分辨出来。譬如,要求播音员主持人必须具有普通话等级资质,播音与主持有声语言必须规范、标准,如果普通话声韵因素不准确,四声不分明,没有轻重格式或轻重格式错误,那么,人们就可以判定这样的有声语言是不美的。那种不讲究用气发声、吐字归音、掌握稿件、调动情感,运用停连、重音、语气、节奏去表达不同类型的作品内容以及话筒前技巧的现象,也肯定是不美的。

感 悟 与 思 考

1. 播音主持艺术美的本质概念是什么?

2. 播音主持艺术美的特征有哪些?

第三讲

播音与主持美学原则

　　为什么有些播音与主持作品获得了成功，而有些播音与主持创作却失败了呢？衡量一部播音与主持作品质量高低、成败与否的重要"法规"是什么呢？有人可能会说：某件播音与主持作品由于符合播音与主持美学原则，因而获得成功；某件播音与主持作品，由于违背了播音与主持美学原则，致使作品趋于失败。显而易见，播音与主持美学原则，成为播音与主持有声语言艺术的"试金石"。

　　什么是播音与主持美学原则，播音与主持美学原则主要应包括哪些内容？这里，我们一起探索一下这个问题。

　　马克思和恩格斯不止一次地强调艺术在历史过程中的能动作用。既然人们的精神活动有相对的独立性，那么，作为精神产品的播音与主持有声语言艺术作品也应有这种相对的独立性。马克思就提出过这样的著名论断："关于艺术，大家知道，它们某些繁荣的代表并不是与社会的一般发展相适应的，因而也不是与那似乎构成社会组织的骨骼的社会物质基础的发展相适应的。例如，希腊人同现代比较，或者莎士比亚同现代人比较。"他还说："资本主义生产对于某些精神生产部门是敌对的，例如，对于艺术和诗歌就是如此。"（《马克思恩格斯论艺术》）

　　马克思和恩格斯时代，还没有广播电视，但他们对艺术的一般观念，却是适用于播音与主持有声语言艺术的，如：艺术创作是反映现实的方式之一，艺术的认识意义和功能作用，现实主义的艺术家反映现实，决不是偶然的、昙花一现的现象，更不是满足于照相式地传达感官所直接感知的东西，否则会有害于真正的艺术。

第一节　播音与主持的艺术真实之美

没有播音与主持的艺术真实就没有播音与主持艺术美,这是播音与主持有声语言艺术的重要美学原则。因为,只有高度的播音与主持艺术的真实性、深刻的现实主义,才能对生活的真实和现实本质洞察入微。不能忠实地描绘现实的播音与主持作品,是虚假的播音与主持作品。虚假,就没有力量,就不是美。

古罗马哲学家普洛丁就说过:"真实就是美,与真实对立的东西就是丑。"(《西方美学家论美和美感》)真是美的基础,美不能离开真,更不能违背真。播音与主持语言艺术创作也必须以真实为基础。齐越教授在阐述"感情真实,才能感人"时说:"在朗诵中,我力求达到真实感情和准确表达的语言技巧的和谐统一。朗诵真人真事的作品,我一般不使用戏剧化的夸张、评书式的渲染手法,以免破坏和谐统一,削弱真实感人的力量。""新闻性稿件以真人真事为内容,必须遵守真实性的原则,一般地说,是不应当扮演的。""播音员的思想感情和作品稿件的思想感情融合一致所发出的声音,才是最真实、最自然、最感人的声音。"(齐越《寄语青年播音员》)

一部播音与主持作品,只有字字句句流露出真实动人的感情,才能使受众感到现实生活的朴素、自然、亲切,才能吸引受众,给受众留下深刻的、难忘的印象,使受众被感染的激动心情久久不能平静,才有可能是美的。如果失去了真实感,就会使受众感觉不舒服,受众就会意识到播音员主持人是在"装",这样的播音与主持作品就不会有什么审美价值。任何一部播音与主持作品,只有深刻地揭示出生活的真实面貌,才有可能是美的。

播音与主持有声语言艺术的真实不只表现在传播内容上,也要表现在传播形式及表情达意的细节上。有些播音员主持人不愿意注意语言技巧的运用,不去注意声音形象的刻画,不去讲究用词用语的稳妥达意和修辞艺术,缺乏"说艺术性的大实话"的能力。有不少播音员主持人的语言表达或苍白无力、黯然无色,或花里胡哨、华而不实,这使不少多年参加全国播音主持作品评奖的评委、专家嗟叹。

"艺术性的大实话"是播音主持语言艺术的高级表现形式。它需要根据具体的思想感情,遣词造句,由点到线,步步拓展,形成顺畅的话流;它需要对每句话都字斟句酌,力求简明严谨,突出重点,合乎现代汉语规范,符合受众接受心理。"真实"这一品质在播音员主持人与受众的交际中能表现出天壤之别的效果。播音与主持创作"真实"与否一向被认为是衡量节目成功、语言运用好坏、播音员主持人是否受欢迎的标尺。播音员主持人只有给人以真实之感,才能换来受众的真诚信赖,这是播音与主持创作不可动摇的美学原则。

第二节　播音与主持的和谐统一之美

1 真

真实是美的开始。真是事物原本的状态,缺乏真实感,美就会大打折扣。比如,天然玉石略带微瑕就更加显示它天然而真实的美。

真是人们通过实践认识之后总结出来的经验。庄子在他的著作《庄子·渔父》中说:"真者精诚之至也。不精不诚,不能动人。故强哭者虽悲不哀;强怒者虽严不威;强亲者虽笑不和。真悲无声而哀;真怒未发而威;真亲未笑而和。真在内者,神动于外。是所以贵真也……"无病呻吟,没有真情实感是感动不了别人的。

播音与主持语言艺术创作首先要真实,而真实是播音主持艺术美的内涵。真的对立面是假,播音主持艺术离开了真,就不能令受众信服。虚假的内容,虚假的情景,虚假的表情达意,虚假的服饰,虚假的声调,虚假的语气,虚假的节奏、停连……都无法使受众相信播音与主持艺术的真实性。与受众交流的直接性、优越性、影响性、针对性、创造性、具体性、教育性、启发性、鼓舞性、示范性、宣传性、娱乐性等等的作用就必然烟消云散。

2 善

播音与主持艺术美不能离开真与善,它们之间的关系是十分密切的。在通常情况下,播音与主持作品通过生动的感性形式表现出来的真与善,就是播音与主持艺术美的内容。美的播音与主持艺术作品不仅要真,而且还要善。

善在美中存在,说明了道德在美中的存在。审辨善恶的道德感和审辨美丑的美感应该有相同的标准。比如怜悯、仁慈、公正、感激等情感。孔子曾说:"子谓《韶》:'尽美矣,又尽善也。'谓《武》:'尽美矣,未尽善也。'"(《论语·八佾》)尽善尽美是古人们的审美标准。

播音与主持美学中的所谓善,广义地说,就是对受众有益、有用。善是播音与主持艺术美的前提,离开了善也就失去了播音与主持艺术作品的美。许多社会新闻的报道,恐怕很难说它不"真",譬如西方传媒上的社会新闻内容包罗万象,从法庭、警察局新闻到休闲、娱乐、名人逸事乃至"动物园新闻""宠物新闻"应有尽有。当然,其中不乏比较严肃的报道,但是必须看到,西方社会新闻中有相当多的是耸人听闻乃至刺激人欲、诲淫诲盗的新闻。这种连西方严肃新闻学家都持批判态度的"真实报道",当然是恶而非善,这样的播音与主持作品我们能说它是美的吗?

播音与主持艺术美离不开真与善,但真与善又不等同于播音与主持艺术美。狄德罗说过:"真、善、美是十分相近的品质。在前面的两种品质之上加以一些难得而出色的情状,真就显得美,善也显得美。"(《西方美学家论美与美感》)这段话是很有道理的。

第三节　播音与主持的时代特征之美

播音与主持有声语言艺术是一门时代感很强的有声语言艺术。

1948 年元旦,陕北新华广播电台播送的毛泽东在 1947 年 12 月 25 日中共中央会议上的报告《目前形势和我们的任务》;1948 年 5 月 29 日陕北新华广播电台播送的中共中央关于 1948 年土地改革和整党的指示;解放后中央人民广播电台播出的《谁是最可爱的人》《县委书记的榜样——焦裕禄》《为了六十一个阶级弟兄》《人民的好医生李月华》《中国工人阶级的先锋战士——铁人王进喜》,等等,都不同程度舒卷着时代的风云,表现了对时代生活新的探索、新的开掘。

具有中国特色的播音与主持美学,要求播音与主持作品的内容与形式有强烈的时代感,要勇于直面人生、讴歌光明、传播理想,又鞭挞丑恶、揭露黑暗,让受众通过播音与主持作品不仅了解国内外大事,明确社会发展重点和工作重心,理解现行政策精神,把握经济发展趋向,从而受到鼓舞、获得教益、得到启发,而且能通过思考一切问题,大胆地接触和揭示显示现实生活中的矛盾,使受众正确认识生活、理解生活,懂得生活发展的方向,从而努力去创造新生活。这种时代感尤其对青年一代大有裨益。

张颂教授在论及此问题时曾指出:"时代感要强调播音语言的时代氛围,落在时代之后或远离时代之外,不论语言多么色彩斑斓,也只能是落伍者的哀叹,成为时代主旋律的不和谐音。播音语言作为一种艺术语言,不能不具有强烈的时代感,以便像加里宁说的'击中时代的弦'。只有强烈的时代感才能和着时代的节奏,成为时代前进的一种推动力量。因此,'艺术品的生产取决于时代精神和周围的风俗'(《艺术哲学》)艺术品当然包括内容和形式。"(《播音语言通论》)由此不难判断,播音与主持作品是否反映了时代,是否切中时弊,是否提出受众普遍关心的问题,是否成为时代前进的一种推动力量,并用生动鲜明的语言艺术形式反映出来,这也是中国特色的播音与主持美学原则。

感 悟 与 思 考

1. 为什么说播音主持美学原则是播音主持有声语言艺术的"试金石"?

2. 为什么说播音主持有声语言艺术的真实不只表现在传播内容上,也要表现在传播形式及表情达意的细节上?

3. 怎样认识播音主持艺术真、善、美的辩证和谐统一?

4. 怎样理解时代感也是中国特色的播音主持美学原则?

第四讲

播音与主持艺术美的欣赏

第一节　播音与主持艺术的审美教育作用

播音与主持有声语言艺术的认识作用和教育作用,也是通过审美作用才能达到的。

所谓审美教育作用,"是一种与美感作用相结合的教育作用,它同时影响人的理智和感情,影响人的整个精神,对人的进步政治思想和崇高道德情操的修养都有很重要的意义"。(《文学概论》)

一般来说,受众打开收音机、电视机冀望获得精神上的愉悦和美感上的享受仅次于获得新的信息。因此受众打开收音机、电视机并非都是首先想去提高什么认识,或接受什么教育。

播音与主持心理研究认为,受众十分不情愿接受"教训",恰恰许多时候是为了放松心情和欣赏美感的需要,也就是为了娱乐和获得美的享受而去收看广播电视节目。这就要求播音员主持人必须使受众通过欣赏有声语言艺术去产生美感和愉悦,从而对节目内容产生信赖,感受节目所传达的信息,然后经过回味、咀嚼、思索,自然而然、潜移默化地受到教育。古罗马的批评家贺拉斯,在《诗艺》中说:"诗人的愿望应该是给人益处和乐趣,他写的东西应该给人以快感,同时对生活有帮助。……寓教于乐,既欢愉读者,又使他喜爱,才能符合众望。"(《诗学·诗艺》)对播音与主持有声语言艺术来说同样如此,如果一档节目尽是说教和枯燥平庸的表达,缺乏动人的艺术力量,那么,再好的"思想性"也是苍白无力的。

我国广播电视传播曾在过去一个相当长的时期里受传统观念的影响，对播音与主持作品创作的娱乐作用和审美作用缺乏指导和认识，不注意播音与主持有声语言艺术中所包含的极其丰富的娱乐特点。古人说"文以载道"，而有的播音与主持作品往往"文"还没有显现，"道"就已经上去了。这就是一些播音员主持人在创作中常犯公式化、概念化、说教等弊病的一大原因。

播音员主持人应该运用有声语言艺术手段创造出比文字稿件（书面语言）更鲜明、更生动、更准确、更美的播音与主持作品，使受众在接受大量最新信息的同时，获得更集中、更典型、更理想、更强烈的美感，引发感情的愉悦、兴奋或悲痛、激昂，从而对受众产生一种"随风潜入夜，润物细无声"的影响。

优秀的播音与主持作品可以培养出懂得有声语言艺术和能够欣赏播音与主持艺术美的受众，它能够培养和提高受众高尚的艺术趣味和审美情操。反之，平庸、低级、粗糙、矫饰、造作、公式化、说教的播音与主持作品却只会损害和破坏受众健康的艺术趣味和审美情操。播音与主持审美教育的首要任务，就是要帮助受众树立正确的审美观。因为只有审美观的提高，才能更好提高受众审美能力和审美创造力。

审美观念反映在播音与主持作品上的"病态"表现也是显见的。早期有"口播不严谨不冷静"的情况；之后存在"语调高昂、表达固化僵硬"；再到后来语言出现"调降情亦降"以及不够规范的表达方式；进入20世纪80年代出现的矫揉造作的模仿"台腔港调"，等等。这些病态审美观念的表现，只能给受众带来不愉快，甚至"不耐烦"。

由于播音员主持人的审美倾向不同或者由于其他方面的种种原因，播音员主持人的审美能力不仅有差别，而且有的时候会相差很大。

齐越先生那跨时代、跨国度的整体把握所体现的气势磅礴、雄浑豪放的一代人民广播新风；夏青那感情饱满、逻辑严谨、庄重稳健的大家风范中所体现出的质朴坚定、自信豪迈、顽强乐观的阳刚之美；林如那自然质朴、含蓄深沉中体现出的"无我"审美境界和整体创作观念；方明那激越奔放、细腻深沉、跌宕舒展中体现出的气脉贯通、洒脱畅达、意境生动的创作风格等，都从不同的方面，把握了播音主持创作艺术美的特征。

许许多多优秀播音员主持人的"本领",当然不是天生的,而是与他们丰富的实践经验及审美能力分不开的。由此可见,要提高播音与主持创作审美能力,必须加强播音与主持艺术创作审美实践与修养。例如两个播音员主持人同样去创作游览泰山的作品,一个播音员主持人知识渊博,富有历史与艺术的修养,他面对作品稿件会被泰山那"会当凌绝顶,一览众山小"的雄伟气魄所感染,会很快浮想联翩,诗情画意涌上脑海来,在播音与主持创作中体现出流连忘返的赞美之情。而另一个播音员主持人缺少文化素养,他只能依据作品稿件中的具体词语空赞几声,最多也只表现出作品稿件文字的"美",并不能领会作品稿件内容美在何处。其实大自然对每一个人都是一视同仁的,关键在于观赏人修养的高低。

播音艺术大家夏青因其具有渊博的语言文字知识而获得"活字典"的美誉。他得益于曾就读北京大学中文系学习文史哲,尤其古典文学知识根底深厚。另外,在新闻学校他又系统地学习了新闻理论知识、马克思主义哲学理论和党史知识以及党的现行方针政策等。难能可贵的是他孜孜不倦的勤奋努力,使他分析、理解问题的高度和深度都大大增加,为他精准地表达打下了坚实的基础。他在分寸把握中所体现出的大度,正是他播音与主持艺术造诣和生活经验厚积薄发的体现。确实如同他一生非常欣赏的《文心雕龙》中的一句话:"观千剑而后识器,操千曲而后晓声。"

我们常看到有些播音员主持人将自己审美创造能力的低下,说成是自己身上缺乏"艺术细胞"。实际上,在每天的播音与主持创作中,每个播音员主持人都在根据自己所能达到的程度,创造着自己所能达到的美的境界。当然,由于每个人的具体条件不一样,审美创造能力的大小也不一样。

当年宋庆龄同志逝世时,中共中央发了讣告,中央人民广播电台和中央电视台都在讣告中播出了这样一句话:"民主主义、爱国主义、国际主义、共产主义的伟大战士宋庆龄同志永垂不朽!"我们一般能想到的表达是用沉痛的基调,平稳的语势播出这句话的。而夏青先生却采用"上山类"的语势,一句比一句高:"爱国主义"高于"民主主义","国际主义"高于"爱国主义","共产主义"高于"国际主义";他语势"上山"的最高点是"共产主义",语势达到最高点之后,立刻变换为"落潮类"语势,并以沉痛缓慢的语气节奏播出:"宋庆龄同志"五个字,而后又将语势扬起,播出"永垂",在"垂"这个阳平音字的延长过程中又突然加快节奏并以坚定果敢的语气将"不朽"两字播出。全句最后一个字"朽"字短促有力,不拖泥带水,有一定的力度显示出要化悲痛为力量的感情态度。

这种表达形式同语句所包含的内容有机地统一起来的独到表达技巧,体现了夏青先生审美创造能力的深厚坚实。夏青先生成功的播音创作实践,对节目内容的传达起到了很好的审美作用,正是因为这更高一层的审美创作,使得夏青先生的节目及其播音作品的生命力特别强,特别感人,十分动人。

第二节　播音与主持创作的审美理想

1 什么是播音与主持创作审美理想

播音员主持人在完成生活和艺术的能动转化过程中,又都渗透和表现出自身的审美理想。播音与主持创作审美理想作为美的理想,反映着播音员主持人的初衷和愿望。美应该有理想,社会理想孕育产生了审美理想。

有人说,播音与主持只是照作品稿件或自己的所见所闻念字出声,并不去表现什么、寄托什么。这实在是对播音与主持创作审美本质的误解。作家孙犁说:"文学艺术,需要比较崇高的思想,比较崇高的境界,没有这个,谈艺术很困难。很多伟大的作家、作品,它的思想境界都是很高的。它的思想,就饱含在它所表现的那个生活境界里面。"(《孙犁文集》)播音员主持人需要表现出审美过程中的愿望和理想,审美理想就是播音与主持有声语言艺术审美创造中用来规范衡量对象的尺度。

审美理想表现为播音与主持创作审美的倾向性,它有着大体一致的审美趋向。审美理想确立之后会支配播音员主持人的审美追求,去探寻相应于生活中美好事物的表现方式。所以,播音与主持创作审美理想具有导向动力作用,驱使播音与主持艺术创作的审美发现。

在播音与主持艺术实践中,每一个播音员主持人都有对美的追求,对美的向往,都希望能创作出锦上添花的优秀播音与主持作品;都希望达到字正腔圆、清晰持久、刚柔自如、声情并茂的艺术表现力;都希望在传播信息的同时给受众以艺术的享受;都希望能得到受众的认同,使受众产生情感共鸣。

所有这一切,都是播音与主持艺术创作审美理想的具体体现。在播音与主持艺术美的创造中,它表现为规范和衡量对象的尺度。例如,播音员主持人对一篇作品稿件的设计和准备,既要考虑到作品稿件的内容、形式、风格、特点,又要考虑到作品稿件主题、背景、目的、主次、层次、基调;既要考虑作品稿件中心观点、材料、人物、事件,又要考虑播音与主持创作中的态度、感情、语言、技巧;既要考虑吐字归音、用气发声、语言表达,又要考虑正确理解、深刻感受、感情积聚;既要考虑对象感、情景再现、内在语,又要考虑语气、重音、节奏、停连。这些实用要素和形式要素,都以审美理想的形式规范着播音与主持创作活动,并且具体呈现在播音主持作品中。

从对冰心的散文《小橘灯》的备稿分析中,我们可以看出审美理想作为一种"尺度"的作用。

《小橘灯》中小姑娘是在什么情况下出现的?接下去作者是怎样描述她的?情景是怎样变化发展下去的?小姑娘有哪些表现?结果怎样?哪些地方表现了小姑娘的镇定、勇敢、乐观精神?通过作者的视线,哪些是重点描写的?哪些事情作者作了工笔细描?怎样把作品稿件中叙述、描写的一切都设身处地作为播音员主持人自己亲眼所见、亲耳所闻、亲身所历,深入到稿件的内容加深感受?小姑娘出于某种原因或某种考虑,没有把意思用语言明确地表露的那种语言关系和语言本质的内容该怎样体现?作品稿件第一自然段该怎样设计、表现出它的发语的作用?怎样将作品稿件中"内在语"的转换作用使播音主持语言变化有据、起伏跌宕,进而顺畅、转而灵活、接而自然?怎样处理结尾,从而引发受众的深思,使结尾含而不露,坚定深沉?……如此大量的分析、理解、感受直至表达技巧的运用,也都制约、规范着播音主持有声语言表达活动。只有通过这些规范,播音员主持人的审美理想才能具体体现。

这里需要说明的是,播音员主持人的创作实践必须而且时时要用两个尺度来规范自己,一个是美的创造的外在尺度,一个是美的创造的内在尺度。

播音员主持人在创作之前要有日积月累的生活、学习实践,要有较高的政治觉悟和理论水平,较丰富的生活体验和艺术素养,较广博的知识和较熟练的技巧,特别是对国内外形势、党和政府的一系列方针政策更要全局在胸,见微知著;还要有较强的理解力、感受力、想象力、表现力,对稿件的驾驭力,对语言形式的审美力,认识他所要反映的作品稿件内容的本质规律,即具有广义备稿的能力,如此,才可能创作出具有深度的优秀的播音与主持作品来。同时,播音员主持人还要掌握有效的、精细的狭义备稿的方法,具有较高的驾驭有声语言表达技巧的能力。总之,离开对外在尺度的把握和运用,优秀播音与主持作品的创作就无法实现。

播音员主持人通过创作实践,把自己所要达到的目的,把按照内在尺度设计的表达技巧的蓝图实现于播音与主持作品的艺术创作中,从而完成一部优秀播音与主持作品的创作过程。可见,内在尺度的把握在播音主持创作中是至关重要的。

2 播音与主持审美理想在播音与主持创作中的动力和规范作用

(1) 审美理想是推动播音与主持创作的内在动力

没有对播音与主持作品艺术创作的憧憬和追求,就不会有播音与主持作品的艺术创造。任何一篇播音与主持作品稿件,如若没有播音员主持人对作品稿件美的理想和追求,即使一字不错地播出了,也不过是念字出声,顶多只能算是"照猫画虎""依样画葫芦"而已,绝不是艺术创作。

从现实美的创造来看,没有播音与主持审美理想的驱动,没有肖岩、孟启予、丁一岚、齐越、钱家楣等老一代播音员强烈追求本质力量的热情,也就产生不了在延安窑洞里的"这个女同志好厉害,……真是憎爱分明"及"毛主席指示:不要播错一个字"的中国播音与主持界的奇迹;从艺术美的创造来看,没有一代代、一批批播音员主持人对美的渴望,就不会出现那浩如群星、风格迥异、美不胜收的优秀播音与主持作品。可见,播音与主持审美理想具体化为播音与主持创作活动时,它就表现为一种巨大的创作热情,从而推动优秀播音与主持作品的实现。

(2) 审美理想是指导和规范播音与主持创作的内在尺度

审美理想是播音与主持创作活动的内在动力,并不是说当播音与主持创作实践开始以后它的使命就完成了,在播音与主持艺术创作实践中,那种对美的憧憬和追求,进一步转化为一种美的蓝图。这种蓝图以观念的形态存在于播音员主持人的脑海之中,从而规范着创作活动的进行。

从观念形态的美的蓝图到具体的创作蓝图(即从播音主持作品稿件的内容和形式出发,理解稿件——具体感受——形之于声——及于听众),要经过一个创造性想象过程。可以说,创造性的想象是播音员主持人的审美理想由抽象到具象转化的中介。如齐越先生在录制《把一切献给党》时,就是受他那"迫不及待地要把这份可贵的精神食粮传播给这些可爱的青年"的审美理想的驱动而产生了强烈的创作冲动。这个审美理想的核心就是用"把一切献给党"的精神,唤起受众建设四化,振兴中华的热情。在进入具体的创作过程以后,吴运铎这个形象是经过齐越创造性的想象联想以后才得到具体化的,从而达到了真实感情和准确表达的和谐统一;作品内容、形式和尽可能贴切的语言技巧的和谐统一。没有创造性的想象联想这个中介,没有作为观念性蓝图的审美理想的规范,播音与主持创作是无法完成的。

3 播音与主持审美理想的时代性

黑格尔在《美学》中认为:"每种艺术作品都属于它的时代。"我国古代审美理论中《毛诗序》和《礼记·乐记》曰:"治世之音安以乐","乱世之音怨以怒","亡国之音哀以思"。刘勰在《文心雕龙》中认为"文变染乎世情,兴废系乎时序"。这些理论揭示了时代和审美理想联系、存在的某些现象。

播音与主持审美理想具有的时代性和变异性,决定了不同时代的播音与主持作品艺术美的不同内容和形式,使不同时代的播音员主持人创作的播音与主持作品富于鲜明的时代色彩。如齐越和方明都曾播送过魏巍的长篇通讯《谁是最可爱的人》。齐越是在参加了赴朝慰问团,亲身投入了战场,同志愿军战士们一起同敌人拼杀后不久进行播音创作的。齐越对志愿军战士有着同呼吸、共命运的切身感受,所以,听齐越的播音作品,给人的是一种身临其境之感,不由得不被那发生在眼前的活生生的壮烈场景所震撼。方明则是在抗美援朝战争结束40年后的新时代进行播音创作,追述那波澜壮阔的历史一页。方明在播音创作中所赋予作品的时代色彩,如同一首壮丽的史诗,唤起受众对志愿军战士的深深怀念。

对同一作品的播音与主持创作,由于时代的不同,所表现的角度不同,播音员主持人所赋予作品的审美理想也就不同。时代审美理想体现了一个时代的社会理想的根本特征，是完成生活美向艺术美转化的重要的审美主体因素。一部播音与主持作品的时代特点在很大程度上就是由此而产生出来的。时代审美理想规范着播音员主持人的审美目标，并以播音员主持人相适应的审美形式出现。

姚喜双教授在其专著《播音风格探》中谈起过这样一件事。一次，他拿了这样一篇作品稿件请夏青试播："新华社消息：中华人民共和国政府照会日本驻华使节，谴责日本文部省在修改教科书时篡改侵华史实，把侵略中国说成是进入中国……"夏青说，对这条消息的创作，既要态度、感情鲜明，不能对日本篡改侵华史实无动于衷，又不能以剑拔弩张、如临大敌之势去播。后者就是分寸过火了，失去了大国的风度。他认为，播音员播这样的消息，是代表我国政府发言，通过播音员的声音体现出来的态度、感情，不光是反映我国的立场，也体现我国的风度和气度。我国在国际事务中，不光要处理同日本文部省的关系，还要处理同美国、同苏联（当时苏联尚未解体）的关系，同欧共体和第三世界的关系；不光处理外交关系，还要处理经济、政治、文化、科技、体育等各方面的关系。中国是一个大国，要有大国的风度和气度，遇事要沉着和稳健，任凭风浪起，稳坐钓鱼船。中国政府处理这件事，既要认真对待，又要让人感到游刃有余。处理这件事的同时，又要让人感到完全有能力处理其他事情。所以，如果按那种"如临大敌、剑拔弩张"的态度播出，会让人感到中国政府全力对付日本修改教科书这件事，甚至一切都不顾了。这样就没有反映好我国政府的形象。

夏青在示范播音时，"既有明确观点和感情，又以稳重坦然的态度表达。为了显示这条消息的份量，他语速稍慢，声调不高，声音不飘，句首出口稳健。为显示分量，他只将'照会'二字上扬加重，予以突出，其余所有语句并未追求表面的严厉，听去只是摆事实讲道理的语气。这样既表达出了分量，又把握住了分寸，虽然未有表面形式的'剑拔弩张'却又给人以内在威慑力。"（姚喜双《播音风格探》）这是夏青敏锐的审美发现，体现了他对时代审美理想的感应。因而，这篇消息在概括事实中就有了时代色彩，就有了足够的深度。

感 悟 与 思 考

1. 如何理解播音主持有声语言艺术的认识作用和教育作用也是通过审美作用才能达到的？

2. 为什么说播音主持创作审美理想作为美的理想反映着播音员主持人的初衷和愿望？

3. 播音主持审美理想在播音主持创作中的动力和规范作用有哪些？

4. 为什么说时代审美理想规范着播音员主持人的审美目标并以播音员主持人相适应的审美形式出现？

第五讲

播音与主持艺术审美标准

第一节　播音与主持审美标准的含义

播音员主持人美的欣赏活动是以对社会具有普遍有效的一定尺度为依据的。也就是说,在播音与主持艺术创作中,播音员主持人总是要自觉不自觉地遵循一种被社会所认同的普遍有效的尺度,这个普遍有效的尺度就是审美标准。准确地说,播音与主持审美标准就是在美的欣赏活动中用来衡量和评判播音与主持作品的相对固定的尺度。

1 播音与主持审美的相对性

播音与主持审美标准是规范播音员主持人审美活动的标准,它必然是社会的产物,是播音员主持人主观世界对客观世界的能动反映。随着社会的发展,人类的生产、生活实践日益深化,播音员主持人对客观事物的审美感受也会不断更新,审美标准也会产生新的变化。

播音与主持审美标准也是受时代变迁而左右的。我国人民广播事业诞生之日起,就有了最初的播音审美标准。1947 年 6 月在温济泽同志主持下制定了《语言广播部暂行工作细则》,在语言表达上,《语言广播部暂行工作细则》规定:"要用普通语(即普通话)的口语,句子要短,用字用词要力求念起来一听就懂,并注意音韵优美与响亮"。"电文中有文言或难懂字句,应加注必要的通俗的口语翻译。"(《中国现代广播简史》)当时的新华广播(邯郸)台也提出稿件要注意口语化和简练,要做到熟练稳当、有感情、抑扬顿挫和快慢适当的要求。随着解放战争的深入发展,为了进一步做好播音工作,适应大反攻形势的需要,又提出了"爱憎分明""不要播错一个字"的要求。这些要求不仅仅是政治要求,其中包含了与社会发展相适应的审美尺度。

齐越先生在回忆录中记载了在当年一次播音总结会上组长孟启予同志的发言,她说:"播音第一位的是准确,理解要准确,表达要准确。因此就要深刻理解稿件的内容,掌握它的精神和实质,准备得很纯熟,到话筒前思想高度集中于内容,能够如此,播起来才能自如,语气才能自然。在播音的时候,越是专心一意想着稿件内容,播音的感情、语气也会表达得越好。否则,片面注意技巧,只动嘴不动脑,顺口溜反而要出毛病。正因为如此,平时就要加强政策和时事政治学习,注意语言的锻炼,这些方面学习得好,播音水平才能真正提高。"(《寄语青年播音员》)孟启予的发言很能说明那个年代播音的审美标准。正是这样的播音审美标准,使第一代人民播音员的播音创作,在艰苦环境中致力于传播解放战争胜利的喜讯,让中国共产党的政策深入人心,成为瓦解敌军的主要舆论武器。

此后,全国解放,播音界除了解放初期克服"昂扬激奋"和"像说话"(实为气柔低软),继续发扬了热情、大方,使人"愿意接受"的审美标准外,又经历了两个播音审美标准的大变迁:

一个是 20 世纪 60 年代初期为战胜三年自然灾害及同苏联的论战而发奋图强、鼓舞斗志、关心群众、众志成城,广播电视发挥了重要作用,长了中国人民的志气。这一时期新中国播音风格逐渐成熟,我国播音界前辈齐越、夏青的排炮式的播音,正如播音艺术家铁城说的,使中国人民"好像一下子站在了世界革命之巅"。

另一个是"文化大革命"年代,这是一个特殊的历史时期。高音大嗓才能表达"革命的激情",那"横扫一切"的气势,才适合"最高指示"的广播,高亢激越才能表达出"动员令"的威力无穷。

以上两个时期的播音风格从节目的内容到形式都具有明显的号召式甚至教训式,因此,铿锵有力、大力凛然、气势磅礴、高亢激昂便成了这一时期的主要播音审美标准。而到了 80 年代,中国开始了改革开放的经济建设时期,那种适合于战争年代、"大轰大嗡"年代的播音审美标准渐入"明日黄花"之地。鉴于此,1981 年全国第二次播音经验交流会提出了"继承传统、敢于创新"的要求。

第十一次全国广播电视工作会议提出：过去适用的播音腔要改革，除发布政令，宣读重要报告，播送政治性文章，语调必须庄重外，一般说来，广播要像知心朋友一样，同听众、观众谈话。并且指出，播音速度要根据时代的节奏加以调整。这以后，全国各地区之间，播音业务交流和研讨日趋活跃。

同时，由于播音员开始同记者一起外出采访，制作现场口头报道，同编辑一起编辑、主持信箱及服务类栏目，参与部分专题节目的设计、制作和播音与主持，参加文艺性节目的现场直播等等，使播音与主持审美标准中又增添了"清新活泼、自然流畅"的要求。

但无论是人民广播播音的开始孕育还是以后数十年的逐渐发展，播音与主持审美标准都是融入了时代、阶级和创作群体的美学理想，"是阶级意志的体现，是创作群体中新闻素质和语言造诣的显露，是宣传内容形式的化合，是民族文化积淀的升华"。（《论播音艺术》）即"爱憎分明，刚柔相济，严谨生动，亲切朴实"这个总要求。

1981年开始，在我国广播电视中正式出现了"主持人节目"，诞生了一批最初的节目主持人。节目主持人特定的语言环境的生成发展、变化，又形成了具有鲜明特色的节目主持人的播音与主持审美标准。然而，节目主持人的播音与主持审美标准却是在继承和发扬播音审美标准"逻辑严谨、语句清晰、刚柔相济、节律优美、态度鲜明、感情充沛"的基础上，才呈现出亲切自然、生动活泼特征来的。

2 播音与主持审美标准的绝对性

播音与主持审美标准的绝对性，是说播音与主持审美标准是客观存在的，是由美和美的事物的客观性决定的，是任何人的主观愿望改变不了的。

既然播音与主持审美趣味是千差万别的，怎么会有客观的标准呢？人们不是常说"趣味面前无争辩"吗？审美趣味虽然有它的差异性，但是，播音与主持审美趣味和播音与主持审美标准并不是完全等同的。播音与主持审美趣味强调的是以播音员主持人个人爱好的方式表现出来的倾向性，而播音与主持审美标准则是一种社会化的判断美丑的相对固定的尺度。更重要的是,播音与主持审美趣味除具有它的差异性一面外,也有共同性的一面,而这一点又是与播音与主持审美标准紧密联系的。

播音员主持人和作品稿件都是受一定的历史、时代条件制约的,没有超越时代的审美标准;同时,播音员主持人进行播音与主持创作又必须受到作品稿件的制约。正是这种制约,使审美趣味具有了共同性的特征,而审美趣味的共同性又决定了审美标准的客观性。例如,古往今来,那抵御外侮的民族英雄形象总是受到人们称赞和敬仰,他们那种维护正义、宁死不屈的精神品质总是给人以美的享受,人们在欣赏这样的壮美和崇高形象时就表现出共同的审美趣味,同时也就包含着一种客观的评判标准。

从播音与主持审美标准的社会属性来看,它是意识的一种特殊形式。党对新闻工作的基本观点一直是非常明确的,概括地说就是:党的新闻工作只能在党的领导下进行,无条件地服从和服务于党的总目标、总任务、总路线和方针、政策。这就是我们常说的新闻工作的党性原则。根据这个原则,党所领导的各种新闻媒体理所当然地是党和人民的耳目喉舌,是党和人民的舆论工具。

根据广播电视的"喉舌"职责,服从和服务于社会主义精神文明建设的需要,播音员主持人在播音与主持创作中必然要体现出党的意志的审美标准,即坚定的党性观念、喉舌观念,有新闻工作者的使命感,有成熟的思想政治修养;有正确的思想观念和政策观念,遵守宣传纪律;有科学的人生观和价值观;有高尚的道德修养;有广博的文化知识积累,丰富的见闻阅历;有娴熟的语言表达技能;有精湛的播音与主持、采编业务修养;有敏捷的思维逻辑,能随机应变,有独到的见解;有健康、明朗、乐观、向上的个性艺术形象以及一定的表演才能等等,从而充分发挥"教育和鼓舞"的现代化传播工具的作用。

第二节　播音与主持审美标准的特征

1 播音与主持审美标准的内容

由于播音与主持有声语言艺术的思想内容、表现形式以及所采用的物质媒介不同于其他艺术门类,因此,播音与主持艺术创作也有与其他类型艺术不同的判断标准。这里,仅依据审美标准的本质特征,从广义的角度来探讨播音与主持艺术创作的最主要的构成因素。

(1) 真实性

在播音与主持审美过程中,人们经常对播音与主持作品稿件及播音与主持作品的真实与否作出评价,而且把它作为评判美的标准。真实是美的生命,是播音与主持作品的生命,离开了真实,也必然失去了播音与主持作品美的特性。

对于播音与主持作品来说,真实并不意味着机械地照搬照抄,原封不动地复述稿件中的每一个字,那样不仅不可能真实地反映稿件内容的逻辑和规律,而且还会因其缺乏体现生活本质的典型意义而失去其艺术性。有人在播音与主持创作中追求所谓客观,即在"平静的语言流动中,不显露什么爱憎的感情",对什么人和事都持同一种态度,"不偏不倚",对什么作品稿件和语句都是表达得平平淡淡"心平气和",只保持"中立",并不"介入",完全让受众自己去揣摩,去体味。这似乎很"公正"很"真实",但正是因为缺少了对作品稿件内容所固有的倾向性,从而也就缺少了播音员主持人的创造性,因为播音员主持人的创造性恰恰在于通过活生生的有声语言赋予作品稿件内容以恰如其分的感情色彩,有了恰如其分的感情色彩才能使受众感受到播音与主持作品的真实。

那种"不偏不倚""平平淡淡"所反映出来的只能是随意性。这种随意性与播音与主持创作的自如性是不同的。自如性是建立在播音与主持创作的规整性的基础上的,是经过加工的,具有艺术性的。它既不是"一板一眼",也不是"随心所欲",它加强了生活语言的美感,形成了艺术的"字正腔圆、呼吸无声、格式正确、轻重恰当、逻辑严密、不涩不粘、语势平稳、不浓不淡"的播音与主持有声语言的特征,正是这种自如性才为播音员主持人的创造性劳动开辟了广阔的天地,才使播音与主持作品"回归自然",从而显现出播音与主持作品的真实性。

正如齐越先生所说:"播音中只有动真情,才能引起听众的感情共鸣。'情动于中而形于言',要播出真情,首先播音员自己要对稿件内容产生真情实感,心中掀起表扬所爱,鞭挞所憎的感情波涛。"(《寄语青年播音员》)

(2) 功利性

美的事物总包含着一定的社会功利性,亦即包含着"善"的本质属性。播音员主持人在审美活动中,不仅追求审美对象的合规律性,还要追求审美对象的合目的性。所谓合规律性就是"真",而所谓合目的性,则是指"善"。播音与主持艺术创作在播音员主持人的审美观照中都是合规律性与合目的性的统一。合目的性就是播音与主持审美标准的功利性要求。

物质生活中的美,总是突出地显现着功利性目的。如我们日常生活中经常接触到的客观环境的美、服饰仪表的美、生活用品的美等,无不体现着功利性目的。当受众收听广播、观看电视时,也不是一无所求的;播音员主持人的任何一篇稿件、一部作品都是有其明确的目的,总希望这些审美对象使人们得到一种赏心悦目、怡情悦怀的心理满足,这也是一种合目的性,而且是播音与主持审美标准的一个重要方面。这说明,在起着非功利的审美欣赏中,实际上潜伏着深刻的社会功利性。

从实践的角度看,播音与主持审美标准的功利性要求也是显而易见的。有些播音与主持作品从它所讲的内容看似乎是些凡人小事,感觉不到它的传播价值,然而,任何一篇稿件、一件作品都不是就事论事的孤立报道,都是具有一定宣传目的,即针对社会某些迫切需要,为解决受众思想上和实际中普遍存在的问题,达到一定传播目的而生发的。目的是作品稿件作者意图的升华,目的是作品稿件的灵魂,目的就在作品稿件内容当中,在作品稿件主题当中,目的也是作品稿件内容的升华。播音员主持人如果在播音与主持创作前没有明确目的性,那么播与不播就没有什么两样了,播音与主持的意义、作用和价值也就不存在了。

2 内容与形式的和谐统一

世界上的任何一种事物,都是既有特定的内容,又有特定的形式,而且是内容决定形式,形式反映内容。内容与形式的统一是对所有审美对象的基本要求,因此,播音与主持艺术创作也不可能例外。

内容不是孤立的存在,它总是通过具体的感性形式表现出来的。既没有抽象的内容,也没有不表现任何内容的纯粹形式。播音员主持人总是根据作品稿件内容的理解、感受在自己头脑中渐渐孕育起人物、事件和主题,然后再来选取恰当的表现形式,从而形成具体的播音与主持艺术创作。

形式是表现内容的。如果播音与主持创作离开了圆润、优美、清晰、悦耳、富有活力和感染力的声音,美也就无法存在了。在播音与主持审美欣赏活动中,受众主要是通过听觉和视觉来感受对象的。正如马克思所说,必须要有"感受音乐的耳朵、感受形式美的眼睛"。(《1844 年经济学——哲学手稿》)

播音与主持有声语言是构成播音与主持形式美的重要物质材料之一。人的耳朵对于声音的感受能力也是有一定的限度的,它只能如此,如若将不同频率和不同强度的声音,无规律地组合在一起,就会形成令人生厌的噪音,它们不能进入美的殿堂。只有和谐悦耳的声音,才是宜人的,也只有这种声音,才能通过播音员主持人的创造,组成优美动听的有声语言艺术。

反映改革开放成就的一组新闻报道,用明快刚健的声音去表现就是美的,可是用这种声音去朗诵《木兰诗》就不美了;用深沉含蓄的声音为日本电视连续剧《阿信》录旁白就很美,而若去进行体育比赛转播就是不美了。要使一种有声语言形式真正成为美的形式,就必须充分地表现出一定美的内容,做到内容与形式的和谐统一。也只有这样,才能使形式的宜人性向着更高的层次发展。

总的来说,在播音与主持艺术审美实践中,凡是既合规律又合目的,内容与形式和谐统一的播音与主持作品,就应被认为是美的,这就是具有社会普遍有效性的相对固定的客观播音与主持审美标准。

感 悟 与 思 考

1. 为什么说播音主持审美标准就是在美的欣赏活动中用来衡量和评判播音主持作品的相对固定的尺度?

2. 播音主持审美标准的特征有哪些?

第六讲

播音与主持审美情感

第一节　什么是播音与主持的审美情感

　　播音与主持作品是客观的审美属性的美和播音员主持人审美感受相结合的产物。客观的审美属性的美反映到播音与主持作品中来,又是经过了播音员主持人个体的审美感受体验过的。

　　在播音与主持审美感受中,"情"占有重要的地位。情感在播音与主持创作中是极为活跃的因素,它活跃在播音员主持人的胸臆,奔赴在嘴边,化为艺术形象的血肉。这里所说的"情"是审美情感,它是高级的情感活动,区别于一般的生理情绪和快感。因此,不是播音员主持人情感的任何表现、发泄,都能化为艺术性的播音与主持作品。

　　作为播音员主持人心理表现之一的情感,不同于认识。情感不是播音员主持人对作品稿件属性及其相应关系的反映,而是播音员主持人对作品稿件内容与播音员主持人、受众之间的某种关系的反应和评价。播音与主持审美情感同播音员主持人的要求、愿望、理想密切联系在一起,带有强烈的主观倾向性。

　　从生理角度来看,情感是由皮下神经系统和植物神经系统的兴奋引起的。情感体验总会伴随内部生理因素的某些变化,并表现为相应的表情和形体动作。如羞涩时,面红耳赤、手足无措;恐惧时,脸色灰白、全身颤抖;高兴时,眉开眼笑、手舞足蹈;紧张时,心率加快、呼吸急促、血压升高、汗腺分泌、口干舌燥、喉头发紧、声音发颤干哑、四肢僵硬、肌肉抽搐、头痛晕眩,从而导致语言与动作的稳定性和协调性下降，难以保持恒常的语言频率，使播音与主持节奏产生紊乱，速度一味增快，甚至失去自控能力。与此同时，诸如重音、语气、停连等播音与主持创作技巧都难以施展，使有声语言表达平淡无味，以致失去有声语言的乐感本质。

播音与主持审美中的情感活动是一种高级的情感活动。它有以下三个特点：

第一，播音与主持审美情感以审美认识为基础，因而其情感表现总是与播音与主持作品生动具体的形象密切联系。播音与主持审美情感不是无端产生的，而是播音员主持人通过对审美对象生动具体的观照，在取得某种审美认识的基础上产生的。若没有审美对象生动的形象，那审美情感便成为"无源之水"或"无本之木"。播音与主持理论中常说的"触景生情"，不接触稿件中的景物，哪来对此景物的情感？古人说"登山则情满于山，观海则意溢于海"，这都说明，在播音与主持审美过程中，情感活动是伴随着对对象的观照、认识展开的。

第二，在播音与主持审美感受中，情感常常充当感知和联想想象的动力，从而推动美感的发展。

从播音与主持审美感知开始，情感因素便介入其中。如果播音与主持作品内容是播音员主持人比较熟悉的，当下的感知就会撞开形象记忆和情绪记忆的大门，使播音员主持人产生一定的情绪反应，从而支配感知的选择方向。如果感知对象是陌生的、新颖的，新奇感和期待感便会增强播音员主持人的注意力，强化感知，产生强烈的第一印象。由于情感的进一步诱发，使播音员主持人进入联想和想象更加活跃的"神思飞扬"的状态，从而孕育、诞生出一系列新的播音与主持审美意象。

从一定意义上说，播音与主持审美想象就是情感想象。播音员主持人形成了感情映象（亦即表象），其本身就有情感因素。情感和表象一齐储存起来，随着表象的积累，情感也就愈加浓厚。当双方都达到饱和状态，播音员主持人的感情因某一实践因素触发，就会"浮想联翩"，到达情感所驰向的现实和非现实的领域。正因为播音与主持审美想象饱融着播音与主持审美情感，因而经过想象所形成的新的形象就饱孕着情感了。也正因为想象富于情感，因此播音与主持有声语言艺术创作的夸张就能得到解释，而且具有美学性质。

播音与主持审美活动,无时不有情感参与。播音与主持创作过程中,特别是对播音与主持作品内容进行美感分析,无论如何不能放过其中的情感脉络。

我国优秀播音员主持人都非常强调情感的活动,他们认为情感是由作品内容和传播对象引发出来的,受理智(主题思想、传播目的)支配,受党的政策和语言环境制约。因此,播音与主持感情的表达要恰如其分,符合客观事实,符合新闻工作者的身份,符合党的政策、原则,不能以个人的好恶支配表达情感。这种情感活动,对于播音与主持创作的成败至关重要。

播音艺术大师齐越先生始终以"爱憎分明的感情是我播音创作的核心"为座右铭。"夏青分寸的把握并不是古板的控制,而是在控制中有着饱满的感情,有着鲜明的态度,有着起伏跌宕的感情表达的变化。"(《播音风格探》)林如说:"我的播音比较平淡,但是我努力做到淡中有情,感情浓缩的清淡。"(《从生活出发》)方明在播音中总是把齐越先生所讲的"感情要调动起来,全身都得动起来"要"玩真的"铭记在心,身体力行,总是"把最强烈的感情,用在文章最根节的地方"。(方明关于播音创作体会的七次谈话)关山说:"播音要注意声情并茂,这个'情'字主要指的是感情。没有感情是不能打动人的。""我认为,新闻节目的声情并茂,是要求播音员在播录新闻节目时,同样要展开想象和联想,同样要把感情调动起来。""感情色彩问题必须很好地解决,才能使你的播音感染听众。"(《关山播音艺术文论集》)陈醇多次说过:"感情是艺术的灵魂,既然播音是一门语言表达艺术,那么,播音就要讲究感情,既要有感情,且要动用得当。""播音员要善于调动和控制感情,首先是要对所播节目的内容有深入的理解和感受,也就是说对稿件要有感情;其次是对服务对象要有感情,仿佛听众就坐在自己的面前,声息相通。"

第三,播音与主持审美感受中,在感知和想象活动的推动下,播音员主持人的情感往往会"移入"到对象的表象中去。

在播音与主持审美过程中,常常有主观情感和客观对象打成一片的现象,这种在播音与主持审美过程中情感因素"移入"到对象表象中去的现象,在西方被有的美学家称作情感的"移注",即所谓"移情"。

移情说的主要代表人物是立普斯。立普斯把不能用联想解释的过程称为"移情"。他认为"移情"与"联想"的不同之处在于：联想是一种被动的感知，而移情却是一种积极主动的投射。所谓投射，就是在知觉中把我自己的人格和感情投射到（或转移到）对象当中，与对象融为一体。

移情说在解决新闻性、知识性播音与主持创作的情感表现方面很有说服力。广播电视每天都要播出大量新闻性、知识性节目，要不要做到声情并茂呢？有人讲，新闻不同于文学，它是用事实说话的，来不得渲染和虚夸，更无需去塑造……这种提法不错。然而，如何使新闻性、知识性节目更吸引人，跟上时代的节拍，做到既严肃又亲切，从而扩大传播效果，那就必须改变那种平铺直叙的、不动声色的语言表达方式。

新闻性作品是用事实说话的，播音员主持人在逻辑分析的基础上，把握作品内容的中心思想，然后结合个人的感受，以真挚的情感，朴实的语调，准确、鲜明、生动地表达出来，就会收到理想的效果。知识性作品也是如此，介绍历史人物、风土人情、地理沿革，不能就事论事，同样要把好的、坏的、美的、丑的、褒的、贬的……不同情感融于作品稿件，与受众亲切倾谈。

第二节　审美情感在播音与主持创作中的作用

播音与主持艺术创作的突破口和爆发点只能是感情。感情主要表现为播音员主持人和作品稿件内容联系中的直接心理反应，并且因播音员主持人的个性和表达感情方式的不同而有异，有的是潜移默绕、含蓄隐退，有的是直露其表、豪放潇洒。

播音员主持人在生活的激流中接触到和积累了大量的生活现象和生活素材，头脑中的生活仓库经过年深日久的贮存逐渐丰厚，播音员主持人的感情伴随着生活素材的积累而逐渐深厚，犹如蓄积的湖水。这时播音与主持作品中的人或事以猛烈的冲击力撞开了播音员主持人感情的闸门，于是那蓄积已久的感情潮水便奔腾咆哮，一泻千里，情不自禁、难以遏制。

播音与主持艺术创作有赖于感情的爆发，还必须关注如下问题：

（1）播音员主持人必须首先在生活的海洋中积累丰富的素材，贮存大量的信息，这是播音与主持艺术创作的基础。没有这个基础，创作依据中生动的生活情景，作品中显示生动的生活画面，只能是一句空话；同样，没有这个基础,感情的爆发也只能是一句空话。

（2）生活素材的积累和信息的贮存,可以是有意识的,也可以是无意识的,然而,积累的过程始终伴随着理智的深化和感情色彩的浓化。这个过程应该是和生活素材积累和信息贮存同步进行的。正是有了这样的感情积累的基础,才会有某一特定时刻感情一刹那间的爆发。没有无数的渐变,突变的发生将是不可思议的。

（3）播音与主持创作中情感的爆发有的是某种情景牵引,突然发生,也有的不是这样:它是播音员主持人经过充分的情感积聚,自然地涌动起来、萌发出的创作欲望。欲望的产生、感情的爆发不需要某一具体的特定的外物牵引。不管播音员主持人以何种方式爆发创作冲动,但播音员主持人的情感这一基本因素却是共同的。这里需要指出的是,播音与主持审美情感的最初获得是重要的,但又不可把它孤立起来,它还需和播音与主持艺术创作的其他条件组合起来,才能成为实践性的创作活动。

第三节　播音与主持的审美理解

理解是通过揭示事物间的联系而认识新事物的心理过程。但是播音与主持审美理解不是依靠概念、判断、推理的逻辑思维形式进行一般的求知,不是把握稿件的抽象本质,而是与感知、联想、想象、情感等因素密切地联系在一起,在直觉过程中对作品稿件内在意蕴的直接领悟。

播音与主持审美理解具有以下两个特点:

1 非概念性

播音与主持审美理解,是理性积淀在感情之中,理解溶化在感知想象和情感之中。钱锺书在《谈艺录》中说:"理之在诗,如水中盐,蜜中花,体匿性存,无痕有味,现相无相,立说无说。"也就是说播音与主持审美和艺术创作有理解、认识的功能、成分和作用,找不出它们的痕迹和实体,它不是通过概念而是通过形象来表达播音与主持作品稿件的内在意蕴,给受众一种不脱离具体形象的感受和体会。

播音与主持艺术创作所依据的作品文字稿件本是认识逻辑思维的工具

和手段,但在播音与主持审美和艺术创作里,却要求它作形象思维的工具和手段,因而就不再把它当作推理符号来作逻辑推断,而要利用它与情感经验的联系来唤起自主生动的表象和情感。播音与主持作品稿件作者的修词炼句,都是为了求得明确的形象感染力,而不是求得明确的概念。我们播读赏析李白诗句:"玉阶生白露,夜久侵罗袜,却下水晶帘,玲珑望秋月。"感到虽是无一字言怨,而隐然幽怨之意,见于言外。虽诗中没用一个概念性的语句写思妇的哀怨,但播音员主持人却要通过"白露""秋月""玉阶生露""露侵罗袜""下帘""望月"等富有形象感染力的语言,把思妇的哀怨表现得淋漓尽致。

播音艺术大师齐越的著名优秀播音作品《人民的好医生李月华》的开头是这样的:

> 1971 年 8 月 31 日。辽阔的淮北平原,长空碧蓝。安徽泗县丁湖公社的社员们,一早就踏着露水下地了。
>
> 突然,县医院的一辆救护车从公路上穿过,直向丁湖医院驰去。正在附近田里干活的社员们吃了一惊。"出了什么事了?"他们放下锄头,也跟着跑去。
>
> 救护车停在丁湖医院的门前,一个令人不安的消息迅速传开了:李月华医生的病危险了。
>
> 脸色苍白的李月华被抬上了救护车,送往县医院抢救,许多人跟着车子追了好远一阵。
>
> 人们焦虑不安地念叨着:"月华啊,你可得好好地回来呀!"……

这篇通讯不是按照事件发生发展的先后次序写的,而是先写后发生的事情,然后再从头至尾写事情的发生发展。这里没有向受众交待李月华其人其事;没有交待人们为什么"焦虑不安地念叨着";为什么对"李月华医生的病危险了"抱以那样的关切。但是我们却从此段文字的表述和对全篇稿件的理解感受中,形成了一种被视为"视觉和弦"的东西,提供了一个受众没有得到明确的回答,但心中却有了人民群众对李月华医生爱戴的理解。虽然似乎是"可喻不可喻,可言不可言",但已在亲身的体验和情感的感染中明白了一切:李月华,这个党的女儿、人民的好医生,以顽强的毅力战胜了巨大的病痛,在持续高烧中为女社员动完了手术。由于劳累过度,她的病情加重,被送往泗县县医院抢救。通讯开头一段就是从这里倒叙的。

"深受丁湖人民爱戴的李月华医生得病了!丁湖人民焦虑不安,他们怀着异常焦灼的心情追着急驰而去的救护车,急切地盼望着李月华医生好好地回来……"(齐越《寄语青年播音员》)这是一种饱含着思想情感的理解,是播音员主持人想象活动中孕育的一种理解,是非概念性的形象思维,而不是逻辑思维得出的概念性认识。

2 意无穷性

播音与主持创作中的理解具有"意无穷性",它包含有非确定性和多义性两个方面,正因为这样,播音与主持审美中的理解才有"可意会不可言传"之说,即只能领悟它,而很难以确定的概念去代替它、规范它。

当然,所谓"不可言传",并不是说不能用有声语言来表达,否则播音与主持艺术创作就成为不可能了,而只是说,播音员主持人所"意会"或理解到的作品稿件的内在意蕴,不像理论思维对事物本质的把握那样确定、那样清晰,它是朦胧的、模糊的、多义的。我们常说的"形象大于思想""言外之意""弦外之音""象外之旨"等,就是这个道理。因此,在播音与主持审美感受阶段(播音与主持审美理解程度较浅的阶段),还不能对作品稿件作出审美的具体分析和判断,而只能对作品稿件作出带有倾向性的情感反应。它还可以深化,以至能够把难以言传的"意会"用有声语言传达出来,甚至可以一直上升到一定的理论高度。

播音与主持审美理解要求播音员主持人在播音与主持审美活动中,必须采取一种自觉的观赏态度,不能掺进实用的功利观念,不能对作品稿件内容作出行动(广义)的反应。也就是说要把真实生活中的事件、情节和感情与审美态度中或稿件中的事件、情节和感情区别开来。如果"虚""实"不分,那就不是审美经验了。用想象去取代现实,才能在经历着和分享着播音与主持艺术作品中人物哀乐的同时,得到播音与主持审美上的快感。这一点无论是对播音与主持艺术创作还是对播音与主持艺术欣赏,都是极为重要的。

播音与主持固然要体验生活,固然要与作品稿件中的人物、事件同呼吸、共命运,但无论如何也不能使自己的感情与现实生活中的实用感情等同起来。如果夏青在播送毛泽东主席逝世的《告全国人民书》时,声泪俱下、悲痛欲绝、泣不成声,就不能起到让全体人民化悲痛为力量的作用,也就不能告示全世界:中华人民共和国,仍然巍然屹立于世界东方。如果播音员主持人在播送"谴责日本文部省在修改教科书时篡改侵华史实,把侵略中国说成是进入中国……"时,义愤填膺、怒不可遏、剑拔弩张、如临大敌,就失去了大国风度和气度,没有了内在的威慑力,就不会有什么真正的审美体验或审美享受。

也许有人会说,一腔热泪不是也能给人带来宽慰,一阵摔打不是也可以将胸中闷气发泄出来,使人感到轻松吗?事实上,这种宽慰和轻松只不过是生物保存自己的一种本能,这种本能是被动防御性的,没有理解和认识的参与和渗透,而播音与主持审美经验中的情感反应,却是在理智的控制下进行的,因而是一种主动的和精神上的反应。没有对眼前的虚幻情势的理解,就不能在热情中保持冷静、在直观反应中保持体验和回味。

第四节　情感贯穿于播音与主持创作的全过程

情感不仅仅存在于积累过程和创作动机萌发的初期,而且,由于感情的基础丰厚,它会源源不竭,一发而不可收。更重要的是,作为播音与主持审美对象的作品内容一旦进入播音与主持创作活动中,它就获得了生活所提供、播音员主持人所赋予的情感,具备了独立的情感生命。当它出现在播音与主持创作中,并按照一定的逻辑向前发展时,它又会转过来成为播音员主持人情感继续发展的推动力,甚至会成为播音员主持人情感的某种源泉,因而,在感情的奔泻过程中,最为突出的就是播音员主持人和作品内容结下了不解之缘,伴随着作品内容而一起运动。遇高兴之事,必开颜大笑;涉哀苦之域,则叹伤不止;想他所想,急他所急,爱他所爱,憎他所憎。播音员主持人的感情只有被作品内容触动起来,真正调动起真情实感,才能和作品内容休戚与共。平淡冷漠、不生波澜的播音与主持创作决不会是声情并茂、砥砺人心的好作品。

播音艺术大师齐越的播音创作实践为我们提供了大量的素材:1949 年

10 月 1 日的开国大典就是"我怀着这种自豪的心情,尽力控制住激荡在心中的火一样的热情,进行着阅兵典礼和群众游行的实况广播。"(《寄语青年播音员》)1966 年 2 月 6 日播录《县委书记的榜样——焦裕禄》时"一种蕴积内心的强烈的播讲愿望在胸中奔涌……想焦裕禄所想,急焦裕禄所急,流着热泪,几乎是一气呵成录完这长达 70 分钟的通讯。"(《寄语青年播音员》)1979 年 4 月播录《把一切献给党》时,"常常在录音间泪水遮住视线,激动的感情难以控制,不得不暂停片刻"。(《寄语青年播音员》)播录通讯《中国工人阶级的先锋战士——铁人王进喜》《人民的好医生李月华》时,是"抱着向英雄学习的强烈愿望,做到思想感情上同呼吸、共命运、息息相通,心心相连,才能把全篇通讯播得生动感人"。(《寄语青年播音员》)齐越在总结自己的创作经验时认为:"只有当稿件内容所需要的爱憎分明的真实感情产生时,才能在播出的语调中自然流露出来。只有播音员自己被稿件内容深深感动时,才能使传播的内容感动听众。"(《寄语青年播音员》)

齐越大师的优秀播音作品题材不尽相同,录制年代不尽相同,但却说明了一个共同的审美现象。产生这种现象的一个重要条件就是齐越和他所赖以创作的作品稿件内容有着相似的生活经历,或者说就是作为一个成员与稿件所反映的人一起生活过。在生活中共同的经历孕育了感情,然后播音员主持人把这种感情带进播音与主持艺术创作中。当播音员主持人和作品稿件内容共同经受了某种历史命运,情感就更为深切了。

播音员主持人和有历史背景的作品稿件内容之间虽然没有共同生活过,但可以从播音员主持人的感情气质和具有历史背景的作品稿件内容中,寻求某种相似的精神、情感。尽管时代不同,个人经历的具体内容不同,但各自表现出来的顽强的精神颇为一致,这是情感沟通的基础。另外,播音员主持人把自己从直接生活中体验到的感情移植到不同时代的稿件内容上,也可以产生情感沟通。

由于播音员主持人审美感情的倾注,常常就带来了稿件处理的抒情特征和"下意识"特征。例如播音主持艺术家林如播录的《假如党员都像她》作品中,彭大娘赶赴部队去见为救战友壮烈牺牲的儿子时,有这样一段描写:

"第二天下午,彭大娘如风似火地赶到了大儿子于石奇所在的解放军某部二机炮连。她从迎候在路旁的部队领导和同志们的严肃表情里意识到：儿子凶多吉少，也许已经不在人世了。果然，部队领导同志沉痛地告诉她，5 月 23 日下午，于石奇同志在一次施工的意外塌方中为救三个战友壮烈牺牲了。听了这个噩耗，彭大娘顿时觉得天旋地转……"

"彭大娘迈着沉重的步子来和儿子告别。烈士的遗体是从几吨重的巨大石头下面撬出来的。彭大娘走上前去俯下身子仔细地端详着儿子，声音低沉地说：'是我的儿子，这是我的儿子'"。

这段描写，林如用彭大娘的心情去加以体验：彭大娘是极力控制着自己感情的，所以，林如没有用感情放纵的表达方法，没有给人以泣不成声之感，而是浓缩情感，控制音量，以内在含蓄、深沉、抒情的"冷静"将情感传达出去。

"下意识"不是盲目状态和蒙昧状态，而是播音员主持人不期然、情不自禁，是一种情感逻辑。比如，我们在考察林如播录的《假如党员都像她》这篇通讯时，就可以十分清晰地看到这种"不期然"的"下意识"的存在而产生的效果。

这篇通讯歌颂了烈属彭翠莲大娘，在儿子为救战友不幸牺牲、女婿为救落水儿童英勇献身、老伴身患重病的情况下，不要救济、为国分忧、无私奉献的崇高的精神境界。林如对这篇通讯有她感受的独到之处：她认为，彭大娘的思想基础是为党奉献、精诚报国，彭大娘是一个默默奉献的人，没把自己看得多么了不起。所以林如确定了"用平凡去表达不平凡"的表达方法。在这样的认识、感受的基础上，林如没有用放纵的表现手法，而是采用"下意识"的不期然、情不自禁的内收语势，去表现那些赞扬词汇集中的地方，给受众以内在的力量，使受众感到沁人心脾，为之动容。

第五节　播音与主持创作中的情与理

应该从这样几个方面认识这一问题：

首先，我们强调审美情感在播音与主持审美过程中的地位和作用，会不会导致"唯情"论，而否认理智呢？这种担心是不必要的。

　　第二，播音与主持感情不是脱离客观事物和社会实践凭空产生的,它属于主观范畴,但又有其客观原因。《礼记·乐记》说:"凡音之起,盖由人心生也。人心之动,物使之然也。感于物而动,故形于声。"陆机在《文赋》中认为,情因物而生,触景而发,"遵四时以叹逝,瞻万物而思纷;悲落叶于劲秋,喜柔条于芳春"。这些情随物发的见解是很有见地的。刘勰在《文心雕龙·明诗》中说:"人禀七情,盖应物斯感,感物咏志,莫非自然。"说明了客观外物是产生感情的来源。只要坚持实践第一,存在决定意识的基本观点,又何必担心唯情论的出现呢? 更何况现在播音与主持创作普遍存在的问题不是情太多,而是情不够。唯情论的错误,不在于强调了感情,而在于否认了感情对于社会实践的依存关系,把感情解释成不被实践决定的潜意识或下意识。

　　第三,播音员主持人在生活中积累创作素材,对作品稿件内容进行感知和体验,就是对作品稿件内容的本质、现象的分析和理解,从感性认识到理性认识的深化,对是非、善恶的更高的思想原则和社会义务上所作的判断,这就是理智。随着对作品稿件认识、理解的加深,播音员主持人对作品稿件内容的审美情感也就逐渐加深。在这个过程中,情和理是同时发展、深化的,表现为对生活形象的冷静考察和对生活形象热烈喜憎的互相促进。

　　第四,有时从表面上看起来是播音员主持人的情感在起作用,实际上在背后却有理智的支配,只是这种支配不易被发现罢了。有时,播音与主持创作表现为感情的冲动,刹那间就爆发出来,如前所述的齐越播录《县委书记的榜样——焦裕禄》那样,但是爆发以前,齐越又有过多少情感的体验和对社会现实的理性思考的积累。"得之在俄顷"是以"积之在平日"为基础的。

　　有时,播音员主持人审美感情的萌发会迅速向理性方面深化,如夏青播录的《谈骨气》作品,在饱满、鲜明、起伏跌宕的感情中,还包含有民族之魂,体现着中华民族的审美特征,反映着我们民族所具有的阳刚之美,质朴坚定、自信豪迈、顽强乐观。这种情感的形成,按夏青的说法就是源于"服务员身份,小总理意识"的责任感。播音员主持人的情感对社会负有不可轻慢的责任,这正是理性对情感的制约。有时,播音员主持人以个人为基点触发了某种感情,这种感情只有和时代、民族的感情相融通,才能更有典型性和更有意义。这个融通的过程,需要有播音员主持人理智思考的渗入,即使在原初性的审美感知中,也开始包含了某种理性因素。

大多数有成就的播音员主持人大都表现在三四十岁,甚至四五十岁龄期。这个时期的感情体验要比他们青年时代深广得多了。这当中,他们经历过更多的社会实践,使得他们有了更深入的理性思考,从而使他们不仅是一位业务技术精湛的播音员主持人,而且成为一位具有成熟理性思考的、有社会责任感的、优秀的播音与主持艺术家。从这个意义上讲,激情的深层次中深潜着理智的根源和方向。

第五,播音员主持人在播音与主持艺术创作中既要体验作品稿件内容的情感,又要理智地记住自己是播音员主持人,他应该保持自己对作品稿件内容的理智态度,保持播音员主持人的"自我意识"。王国维在《人间词话》中说得精辟:"诗人对于宇宙人生,须入乎其内,又须出乎其外。入乎其内,故能写之。出乎其外,故能观之。入乎其内,故有生气。出乎其外,故有高致。"

然而,作为播音主持艺术创作来说,情感又有它的特殊性。理智是潜伏的逻辑,情感起直接作用,理智不能代替审美情感。理性判断总是要通过情感评价表现出来。情感起的是中介、推动作用。理智融化在情感活动中,它的最初形态消失了或隐藏起来了,但性质却是存在着;受众所感知的是情感,而不是理念。总之,受众感受的是情,深悟的是理,有意却又无意,可解而又不可解。情理相生不见凑泊,情理并茂无迹可求,深邃而有味的美感力量就会在播音主持作品中产生了。

感 悟 与 思 考

1. 为什么说在播音主持审美感受中,"情"占有重要的地位?

2. 为什么说播音主持审美情感在播音主持创作中的地位是由播音主持作品反映生活的性质所规定的?

3. 审美情感在播音主持创作中的作用是什么?

4. 播音员主持人的感情只有被作品内容触动起来,真正调动起真情实感,才能和作品内容休戚与共。这个说法准确吗?

5. 为什么说播音员主持人的具有爱国主义性质的民族感情弥足珍贵?

6. 播音主持审美情感的具体要求有哪些?

7. 从表面上看是播音员主持人的情感在起作用,实际上在背后却有理智的支配,只是这种支配不易被发现罢了。这个说法准确吗?

第七讲

播音与主持艺术审美趣味

第一节 播音与主持审美趣味的含义及特点

播音与主持审美趣味是指以播音员主持人个人爱好方式表现出来的审美倾向性。

播音员主持人在追求美、欣赏美、创造美的时候并不是随心所欲的,总要在一定的审美理想、审美观念的指导下进行,并且把个人的审美倾向性带进播音与主持创作审美实践活动中,从而表现出一定的审美趣味。

播音与主持审美趣味的表现具有以下两个特点:

(1)个体性特点。播音与主持审美趣味是以播音员主持人个人爱好的方式表现出来的,从这个意义上来说,它具有个体性。面对同一种类型,同一种形式,同一种内容的播音与主持作品稿件,你可能觉得这篇作品太美了,而我却可能认为这篇稿件不那么美;你认为作品稿件的这部分美,而我却认为作品稿件的那部分美;你觉得应该用明朗、欢愉的表现形式,而我可能认为应该用诙谐、幽默的表现形式,个体的差异显而易见。

(2)社会化的特点。尽管审美趣味以播音员主持人个人的爱好方式出现,但是它又不可能是纯粹孤立的个人现象。每个播音员主持人都生活在一定阶级、阶层、时代和民族之中,其审美趣味,必然打上时代、民族、阶级、阶层的烙印,表现出某个阶级、阶层、时代、民族的审美理想和要求,具有特定的社会历史内容。因此,播音员主持人的审美趣味既表现了个体的差异性、特殊性和多样性,也表现了社会的共同性、普遍性和一致性。

第二节 播音与主持审美趣味的差异性

造成播音与主持创作审美趣味差异性的因素是多种多样的。主要表现在以下几个方面：

1 个体的因素

在播音与主持创作中,播音员主持人总是以自己独特的方式感知对象,从而使他们在审美感受中的体验、想象、情感以及对内容的领悟上都不相同。鲁迅曾指出,一部《红楼梦》"单是命意,就因读者的眼光而有种种:经学家看见《易》,道学家看见淫,才子看见缠绵,革命家看见排满,流言家看见宫闱秘事"。(《鲁迅全集》)鲁迅的话道出了美的欣赏的个体差异的根源。

个体差异在播音与主持艺术创作中的举足轻重,是因为播音与主持艺术为二度创作,其创作素材——作品文字稿件,都是编辑记者、撰稿人观念形态化以后的东西。播音员主持人在进行播音与主持艺术创作时,面对的不是客观事物本身,而是经过抽象概括了的文字。文字传递的信息,不光有概念信息,也有情感信息。而文字自身在传递信息的过程中,又有其抽象性、概括性和跳跃性。所以播音员主持人要想把文字所包含的概念和情感等信息都用有声语言很好地传达出来,就必须具体地、充分地、形象地来感受体验通过文字所描述的现实场景。由于文字的概括、跳跃、简洁等特点,对于文字描写的场景的感受,鉴于播音员主持人自身性格气质、生活经历、文化知识、思想素养的不同,而会有诸多的不同,即"仁者见仁,智者见智",这就为不同审美感受的出现提供了客观依据。

2 民族、地域的因素

不同民族的审美趣味显现出明显的差异。因为各民族的成员在文化传统、生活习惯、民族风情等方面有着明显的区别,在艺术审美领域,不同民族的审美趣味差异就更为突出了。别林斯基说:"法国人的民歌常常是放肆的,永远快乐的,德国人的民歌沉郁或有宗教气味,俄国人的民歌则阴郁、沉思、有力。"(《别林斯基论文学》)鲁迅也说:"法人善于机锋,俄人善于讽刺,英美人善于幽默。"(《鲁迅全集》)"中国人在思想、行为和情感方面""更明朗,更纯洁,也更合乎道德"。(《歌德谈话录》)黑格尔本人就认为东方民族的艺术是落后的、表现力差的艺术。在他的《艺术发展史》中,就把东方艺术列入了形式原始,内容不明确,还没有达到内容和形式的和谐统一之列。他对东方艺术的歧视态度,从一个侧面体现了黑格尔所代表的欧洲民族的审美趣味。

"民族差异"也是播音与主持创作的"中国特色"原则所反复强调的。

无论什么时代,无论什么社会制度,民族之间的差异总是存在的。西方国家受众较为偏爱机智、勇敢、幽默、活泼的广播电视播音主持形象;而中国受众较为喜欢端庄、文雅、谦逊、稳重的播音员主持人。这是由于不同民族的不同心理定势和审美意识决定的。这种差异还表现在播音员主持人的风格、言语、身姿、修饰等方面。这里的所谓风格是指播音员主持人因其不同的世界观、人生观、道德观、审美观以及文化修养和生活经历等各种因素的影响在节目中表现出的与自己本身的气质、思想、知识、水平、生活经验以及叙事、抒情等习惯方式相适应的精神风貌、独特感受和表达方式。

播音员主持人必须保持"中国特色",不可盲目照抄西方播音主持表现方式,否则将会失去中国的特有风格。只有那些体现民族精神,民族性格,民族特色的播音主持风格,才能适应中华民族的审美要求,才能为广大受众所喜闻乐见,才具有生命力。当然,由于民族之间的频繁交往,思想文化的相互渗透,各民族之间的美也不会是相互隔绝的。

3 阶级阶层的因素

人们的审美趣味总是自觉不自觉地从本阶级本阶层的审美理想出发,得出带有明显的阶级、阶层差异性的结论。播音与主持有声语言艺术创作当然也不例外。而且,由于播音与主持创作活动所具有的宣传和体现本阶级意志的工具及喉舌作用,播音与主持创作的阶级性、阶层性特征就更加明显。

早在抗日战争时期,中国共产党创立了第一个人民电台以来,播音与主持创作的阶级性原则就鲜明地存在了。1946 年 9 月 5 日,延安《解放日报》

刊载的延安新华广播电台的一篇广播稿中说："全国有好几百家广播电台，有许多人觉得我们是很特殊的一个。是的，我们是很特殊的一个。我们播音的内容，和国民党统治下的电台的播音，根本不同，我们播的是国内跟国际的最真实的消息和动向；是解放区人民的生活和各种建设的情况；是中国人民的政党、中国共产党的政策和时局主张；是对于国民党当局腐败黑暗统治的无情的揭露；是蒋介石统治区广大人民的呼声。这些声音，从国民党统治下的电台，是听不到的。"（1946年9月5日，延安《解放日报》刊载的延安新华广播电台的广播稿）

当时的"国统区"有依靠外国宗教势力的支持，同时与国民党反动派的关系也很密切的宗教性广播电台（佛音广播电台和福音广播电台），公开宣称："本电台素以提倡基督教之信仰与实行为职志，与蒋委员长（即蒋介石）的主张如出一辙。"即使是商业性广播电台，大多数所播戏曲、音乐、弹词等娱乐节目也是低级庸俗、荒诞不堪的。当时有的报纸指出："各电台为了替各商号作广告，不得不利用娱乐节目来吸引听众，所以他们所广播的节目，都是迎合小市民的低级趣味的污秽俚俗的《滩黄》《滑稽》《宣卷》等。这种靡靡之音，对于市民的思想行动，都有妨碍。"（《中国现代广播简史》）

鲁迅在《知了世界》杂文中通过在炎热的夏季，富人收听广播消闲享乐，穷人则挣扎在死亡线上的鲜明强烈对比，揭示出旧中国的广播为剥削阶级服务的本质。鲁迅写道："天气热得要命，窗门都打开了，装置无线电播音机的人家，便把音波放到街头'与民同乐'。咿咿唉唉，唱呀唱呀。外国我不知道，中国的播音，竟是从早到晚，都有戏唱的。它一会儿尖，一会儿沙，只要你愿意，简直能够使你耳根没有一刻清静。同时开了风扇，吃着冰淇淋，不但和'水位大涨''旱象已成'之外毫不相干，就是和窗外流着油汗，整天挣扎过活的人们的地方，也完全是两个世界。"

需要指出的是，当今时代，在播音与主持作品的分析、欣赏和创作中，可以将阶级性、阶层性理解得宽泛些，不必轻易将某一播音与主持作品中的某一对立观点、认识或一致相通的看法，随意归结为阶级性、阶层性，这样才可能解释与理解不同阶级、阶层立场的人，也有共同的美感，也会产生某种心理共鸣的复杂的审美现象。

第三节　播音与主持审美趣味的共同性

在播音与主持创作活动中,不同个人,不同民族,不同阶级、阶层有着不同的审美趣味,这只是表现了播音与主持审美趣味的差异性方面。另一方面,不同个人,不同民族,不同阶级、阶层又有着相同、相近的播音与主持审美趣味,这就是播音与主持审美趣味的共同性。

毛泽东曾经说过,各个阶级有各个阶级的美,各个阶级也有共同的美。面对人类文明的成果,各个阶级也往往有相近乃至相同的审美感受,这就是播音与主持审美趣味的共同性的依据。

1 播音与主持审美趣味共同性的表现形式

审美趣味的共同性在日常生活中以及在文化艺术领域都有鲜明的体现。其中,在对自然美的欣赏中表现得最为明显。播音与主持作品中常常有被人们所赞美的泰山之雄伟,华山之峻峭,衡山之烟云,庐山之飞瀑,雁荡之怪石,峨嵋之光环,以及黄山的奇松、怪石、云海、泉水,等等,这些自然美的景观和歌颂自然美的播音与主持作品,长期以来一直为各阶级、阶层甚至不同地域、民族的人所欣赏。

就是那些被深深打上阶级烙印的社会美,也具有审美感受的共同性。人们歌颂真、善、美,痛恨假、恶、丑;颂扬爱国志士、民族英雄的气节和品格,蔑视变节投降的卖国贼。我国历史上的屈原、岳飞、文天祥、邓士昌等人物历来受到各阶层人们的敬仰和爱戴。可见,人们在对社会美的某些方面的审美感受也是具有一致性特征的。

广播电视发展史也证明了人们在某些方面审美感受的一致性。例如,全国抗日战争开始后,抗日民族统一战线得到确立,国共合作共同抗击日本侵略。虽然国民党顽固派在日本诱降攻势下,变本加厉地推行消极抗日、积极反共的方针,1938—1943 年间曾经发动三次反共高潮,但是,在这样错综复杂的政治、军事斗争背景下,国民党广播宣传既有鼓吹"曲线救国"反共反人民的消极内容,同时也有主张抗日、共御外侮的积极内容。从积极的方面说,不少广播讲演节目,还邀请了共产党的代表、抗日将领、国民党内的抗战派、爱国人士和国际友人如周恩来、冯玉祥、李济深、郭沫若、沈钧儒、黄炎培、爱德华等向国内外发表广播讲演;在广播中设立了《抗战教育》《抗战讲座》《抗战歌曲》等节目,播送《义勇军进行曲》《毕业歌》《游击队歌》《五月的鲜花》《救亡进行曲》等抗日进步歌曲,播出的揭露汉奸卖国、配合抗日斗争的广播剧《开船锣》《"七二八"那一天》《最后一课》《以身许国》等,在各阶级、阶层广大群众中产生了重大影响。

2 播音与主持审美趣味共同性形成的原因

从审美对象看,并非所有的审美对象都有鲜明的阶级性、阶层性。比如形式美和侧重于形式的自然美。它们之所以美,是因为作为实践主体的各阶级、各阶层的人们,在征服自然、改造自然,使自然得以人性化的活动中,逐渐发现或创造了它们,并获得了共同的美感。因而,形式美以及偏重形式的自然美可以超越时代、阶级、民族而为世界人类所喜爱。就像车尔尼雪夫斯基所说:"单是有教养者所喜爱而普通人却认为不好的风景是没有的。"(《美学论文选》)就艺术作品来说,虽然有的审美对象表现了一定的社会内容,但阶级性、阶层性表现得比较隐晦、曲折,如山水诗,花鸟画等。

广播电视节目中的风景散文、游记、诗篇;科技知识、生活百科、古典音乐、流行乐曲、器乐作品介绍、传统戏剧等等都不见得有明显而强烈的阶级性、阶层性。此外,人与人之间在长期的生活实践中体现出的情感美(阶级情感除外),也不带有明显的阶级性、阶层性。如夫妻情、亲情、乡情、友情等等,它们都是历史发展的产物,又存在于历史发展之中,为人们所共有,所以,往往引起人们共同的审美感受。

从审美主体看,首先,审美主体具有相同的审美心理因素,无论是哪个民族,哪个阶级、阶层的人,在审美活动中,都要遵循审美的心理活动规律,在审美的感觉器官的生理和心理机能方面表现出一致性。

其次,阶级、阶层的划分都是相对的,而不是绝对的,如若处在同一历史时期,还能表现出利益的一致性。如在资产阶级试图取代封建主义的上升时期,它在利益上就和人民群众的利益体现了某种一致。因此,欧洲文艺复兴时期反封建、反宗教禁欲主义的文艺作品才受到了包括资产阶级在内的人民大众的喜爱。

恩格斯说:"辩证法不知道什么绝对分明和固定不变的界限,不知道什么无条件的普遍有效的'非此即彼',它使固定的形而上学的差异互相过渡,除了'非此即彼',又在适当的地方承认'亦此亦彼'。"(《自然辨证法》)恩格斯的这段话对播音员主持人认识审美趣味的差异性和共同性具有很大的指导意义。播音员主持人既要认识到播音与主持审美趣味的差异性,又要认识到播音与主持审美趣味的共同性,这样在美的欣赏中才会客观公允,而不失之武断。

感 悟 与 思 考

1. 如何理解"播音员主持人的审美趣味既表现了个体的差异性、特殊性和多样性,也表现了社会的共同性、普遍性和一致性。"?

2. 为什么说播音员主持人个体的因素是播音主持艺术创作中创作风格的内在表现?

3. 播音主持审美趣味共同性形成的原因是什么?

第五编

播音与主持心理修养

第一讲

播音与主持创作中的心理活动

第一节　播音员主持人的情感活动

唐代文学家白居易在《与元九书》中说："感人心者，莫先乎情。"我国近代思想家梁启超认为，情感是人类一切活动的原动力，用情感来激发人，好像磁力吸铁一般，有多大分量的磁，便引多大分量的铁。作为有声语言艺术形式的播音与主持艺术创作，情感的激发和运用尤为重要。言为心声、语为情动早已成为播音与主持界公认的观点。

1 强大的生命力在于情感交流

广播电视节目显示出强大的生命力，其中的重要原因之一，就是在节目进行中播音员主持人始终在表达自己的感情，并与受众进行直接或间接的情感交流。张颂教授曾指出，所谓情，是指在播音与主持中由稿件具体化、用有声语言表达出无产阶级的思想感情。但现在有一些播音员主持人不要说"无产阶级的思想感情"，即使是"思想感情"也好像离自己很远了。无产阶级的思想感情包容度相当宽广，它包括了世界上最优秀的品德、最珍贵的素质，诸如宽广的胸怀、高尚的情操、美好的憧憬、深邃的境界、蓬勃的志趣、灵动的活力，等等。

2 最关键的就是真动心动真情

播音艺术大家齐越先生强调播音与主持创作最关键的就是真动心、动真情,对所播内容真动心,对播音与主持对象动真情。中央人民广播电台播音艺术家方明在通讯播音中体现出的风格就是感情饱满。中央人民广播电台播音与主持艺术家虹云在主持《午间半小时》节目中情感的流露十分真诚,人们评价她的主持说:"每个字、每句话都可以听出心灵的搏动。"

原中央电视台主持人倪萍善于在节目中以情取胜。她被公认为"最会煽情的节目主持人"。许多节目主持人达不到倪萍的"煽情"程度,普遍缺少最宝贵的一个方面就是"感情"。倪萍除了具有中国传统审美观中贤淑大方的外型外,恐怕最重要的还是倪萍是用情感来主持节目,与观众可谓心心相印。

3 在主观上积极地寻找动情点

受众"掂"得出一个"情"字在节目中所含的份量。"真情"如涓涓溪流,应当伴随"实意"自然流淌。要使播音与主持更有感染力,有必要在主观上积极地寻找动情点,去推波助澜,渲染催化。所谓"感人心者莫先乎情",播音员主持人恰到好处的几句"情语"无异于夏日清风,腊月暖日,给人以无比的愉快和温馨。有理由相信:动了真情的播音员主持人会让受众在笑声中感悟人生,在感动中得到升华,这样的播音员主持人一定是最有魅力的,节目也一定是很吸引受众的。

4 让自己的风格与节目风格相贴近

播音员主持人的情感在节目中起着重要的推波助澜的作用,但不同的播音员主持人有不同的感情表达方式,如同唱戏,每个播音员主持人的"戏路"总有一定的范围,"生旦净末丑"个人有个人最相适宜的行当,特别是风格气质、形象神态,乃至声音语言方面有鲜明个性色彩的播音员主持人,往往专适合某一类节目的播音与主持。中央电视台曾经的《非常6+1》节目似乎就是专为主持人李咏量身打造的一样,很适合李咏的风格。这就提醒播音员主持人要知己知彼,扬长避短,尽可能让自己的播音与主持风格同节目风格相贴近,使情感宣泄恰到好处,做到自然的流露。

第二节　播音员主持人的情感本质

情动于中而行于言。播音与主持作品要引起受众的共鸣,首先要对内容、稿件产生真情实感。这种真情实感是由内容、稿件引发出来的,受理智支配,受语言环境制约的美好情感。

播音员主持人不能没有是非观念,有是非就有爱憎,有爱憎才能凸显情感,这是不以人的意志为转移的。

由于客观事物和人们需要的复杂性,播音员主持人的情感表现也是极其复杂的,有时甚至引起相反的情感体验,或者在同一时间内,播音员主持人可能处于交织着不同性质的情感体验之中。

1　情感是高级的心理品质

播音员主持人的情感是指播音员主持人在创作过程中体现于个体的以某种生理感觉为特征的主观体验,并导致心理上的反应。即播音员主持人自身态度体验,经过理智思考而提炼、加工、升华的一种高级的心理品质。这种心理品质既是一种高级的播音与主持能力的表现,也是播音员主持人创作过程中有准备或即兴的情绪状态的综合体现。

"情感"这一高级心理品质的操作层面应该注意:

（1）播音员主持人要深度参与节目,把情感融于节目创作的全过程中。

（2）感情积聚,语言节制。既要有播音主持人员自己,又要让受众记住节目内容,记住人物;有情感但不滥情。

（3）播音员主持人的情感表达是实现策划的最重要一环。分寸和时机都要合适,要给受众一个情感准备的时间。

2　播音与主持创作中的情感活动

播音与主持不仅需要对受众进行有声语言的"刺激",同时需要对受众进行情绪的感染。任何一个播音与主持艺术创作都需要情感,在某些场合"情感"的信息量还应该超过"智慧"的信息量。缺乏激情的播音与主持艺术创作,必定是失败的播音与主持创作。缺乏激情的播音员主持人也绝不是一个合格的播音员主持人。

每个播音员主持人都希望自己的播音与主持创作获得成功。靠什么成功,靠什么打动受众呢? 首先就是情感,动之以情才能晓之以理,情到理方至,情阻理难通。古人很强调"感人心者莫先乎情""以无情之语而动人之情,难矣"。俄国文学家列夫·托尔斯泰认为:"艺术活动建立在人们能够受别人感情的感染这一基础之上","感情越深,艺术则更优秀"。播音与主持创作实践也充分表明,成功的播音与主持作品都具有迷人的情感魅力。可以说,播音与主持创作中的情感是播音与主持创作生命体的血液,没有情感的流动、奔突、跳跃和燃烧,播音与主持创作的感人力量就无从谈起。

播音与主持创作情感的魅力来源于真诚、热情、深厚、道德、理智、美感、独特。

(1) 真挚是播音与主持创作的前提

古罗马诗人贺拉斯将艺术魅力依存于真情实感这个道理讲得非常生动:"一首诗不应以美为满足,还须有魅力,要能按作者愿望左右读者的心灵。你自己先要笑,才能引起别人脸上的笑,同样,你自己得哭,才能在别人脸上引起哭的反应。"

人们不难看到,那些感人至深、使人振奋的播音与主持作品,常常就是播音员主持人以生命激情表达出来的。播音艺术大师齐越教授在《寄语青年播音员》中谈到 1979 年录制吴运铎同志的回忆录《把一切献给党》的体会时说:

　　"日日夜夜,我沉浸在作者的思想感情里,就好像跟作者一起走过了那段艰难的生活道路,又回到了那艰苦创业的战争年月。一个普通煤矿工人,在党的教育下成长为共产党员、兵工专家的战斗历程一幕幕展现在我的眼前。我和他同欢乐、共忧患,爱他所爱,恨他所恨,常常在录音中间泪水遮住了视线,激动的感情难以控制,不得不暂停片刻。"

（齐越《寄语青年播音员》）

正是由于齐越教授以真挚的情怀,向受众倾吐了自己鲜明的爱与憎,才在全国各界受众中产生了很大的反响与共鸣。齐越教授说:

> "感情真实,才能感人。朗诵者自己没有被作品感动,不可能感动别人,来自情绪记忆的联想是朗诵者引发情感的一种手段。……在朗诵中,我力求达到真实感情和准确表达的和谐统一;作品内容、形式和尽可能贴切的语言技巧的和谐统一。"（齐越《寄语青年播音员》）

可见真挚对播音员主持人来说,确实是一个不可或缺的要素,虚情假意的播音与主持作品只能使受众厌恶。

(2) 热情是播音与主持创作活动的源泉

黑格尔说:"没有热情,世间任何伟大的业绩都不能实现。"播音员主持人应该十分注意"热情"这个有效的背景和捷径,运用情感的力度去感染、感动受众,充分唤起受众与播音员主持人的"心理共鸣"。

在播音与主持艺术创作中,热情是由播音员主持人的有声语言、面部表情、身态姿势等表现出来的。如何在播音与主持创作中注入"热情"呢? 这首先取决于播音员主持人对受众的兴趣和感情。

法国心理学家亚得洛认为:"对别人不感兴趣的人,生活中困难最大,对别人的损害也最大。所有人类的失败,都由这些人中发生。"被誉为魔术之王的塞斯顿认为自己的成功经验有两条:首先懂得人情,其次对人有真实的感情;每次上台前,他都反复对自己说:"我爱我的观众,我将尽力把最好的给他们。"

应该说,大多数播音员主持人在播音与主持创作前是有热情、有想象、有准备的,但有时他们的设计却落空了。问题在于他们没有站在受众的角度去想,他那一套设计能否被理解和接受? 绝大多数播音与主持创作不需要参照表演形态,无论出现在何种场合,播音员主持人始终是播音员主持人自己。播音员主持人需要有情绪的酝酿、视像的准备,但如果着眼点仅仅停留在身态姿势、声调语气的处理上,企图用瞪眼、挥手去吸引受众,那效果只会适得其反,受众的注意力反而会被分散,专看你的表演去了。

同时还要考虑到,播音员主持人尽管可以在播音与主持创作前展开丰富的想象,激起自己的感情,但受众的情绪却有待播音员主持人出现后用声音、用感情,慢慢地去诱导、启发、感染。想用激烈的、哗众的手势、姿态和声调去"征服"受众是不行的。有时候,播音员主持人十分卖劲,喊得力竭声嘶,满头大汗,甚至激动得掉下眼泪来,而受众却无动于衷,感到这个播音员主持人很做作、很滑稽,这是最难堪不过的了。造成这种现象的主要原因之一是,播音员主持人仅仅沉浸在自我激动、自我陶醉之中,忘掉了受众,没有设法去诱导感染受众,没有和受众在感情上交流起来。这是初学播音与主持的人最易犯的毛病。

播音与主持艺术创作总是面对受众进行的,对着受众说话,与受众共同创造的;即使在播音间录音棚里看不到真实受众,也不能忘记播音员主持人是在向着广大受众说的。中央人民广播电台播音与主持艺术家徐曼在《播音创作漫谈》一书中说:

"播音员和听众之间的关系也应该像生活中的朋友关系一样。……至于能不能和听众建立朋友关系,要看我们对听众的状态是否诚恳,感情是否真挚。若是板着脸念稿,或者用说教、命令式的方式播音,听众是不愿意听的。……播音员以友好的态度,动听的声音'出现'在听众面前的时候,播音员和听众之间的距离马上缩短了,听众的心会随着你的声音跳动,播音员就会使听众闻其声如见其人。"

对播音与主持创作的主题和内容的热情也是不可少的。如果播音员主持人对所要讲的东西没有一种"一吐为快"的感觉——播讲愿望;如果播音与主持的主题、内容不能使自己感动,那么播音员主持人也是不能感染受众的。古罗马一位诗人说得好,只有一条路可以打动人的心,就是向他们显示你自己首先已被打动。俄罗斯文学家加里宁认为:"如果你想使你的语言感动别人,那么就应该在其中注入自己的血液。"

播音员主持人应该记住爱因斯坦说过的一句话:"对一切来说,只有热爱,才是最好的老师。"

(3) 播音员主持人深厚的情感是吸引受众的魅力所在

受众被播音员主持人情感的魅力深深吸引,往往因为播音员主持人创作中的情感非常深厚。古人说:"情不深则无以惊心而动魄。"播音员主持人的情感愈深厚,就愈能吸引受众,打动受众。

中央人民广播电台曾有位老播音员,粉碎"四人帮"后在被迫离开播音岗位十年之后,又回到了播音第一线。当他看到大量的优秀文艺作品相继问世时,感到非常激动,想起在"五七干校"独自坐在重型五铧犁上翻地时,借着拖拉机的巨大轰鸣声的遮盖,哼唱着"五星红旗迎风飘扬,胜利歌声多么响亮"这首先被禁唱、后又被改得面目全非的歌曲时的心情。想起因为说了一句"贝多芬是伟大的艺术家,他的作品是不朽的"而横遭批判时的情景,不禁心潮翻滚,热泪盈眶。他的心中产生了一定要通过自己的劳动,向广大听众介绍每一部好作品的强烈愿望。他说:"听众有这样的要求,我有这种愿望,这就'合了拍',这就为剪辑解说打下了感情的基础。文艺创作需要有激情,我进行戏剧、电影解说的时候,正是凭借了这样一种激情作基础,有了它就产生了强烈的播讲愿望。"

可以想见,有这样深厚的感情积淀,由此而达到比较好的播音与主持效果也是不难的。

(4) 播音员主持人的社会性情感主要为道德感、理智感和美感

"道德感"是关于播音员主持人的行为、举止、思想、意图是否符合社会道德行为准则而产生的情绪体验。播音员主持人的道德感按其内容而言应包括:

① 对祖国的自豪感和尊严感;

② 对社会劳动和公共事务的责任感、义务感。主要应体现在对工作的极端负责任,工作态度严肃认真,具有严格的组织纪律性;

③ 对社会集体的集体主义感、荣誉感;对同事的友谊感以及人道主义情感等。每个播音员主持人都应该培养自己的集体主义感、荣誉感,对同事的友谊感;

播音员主持人也应该正确对待荣誉和批评。再好的播音与主持作品都会有多多少少的艺术"遗憾",应该多听取对播音与主持创作的不同意见,多找自己的缺点。既要经得住批评,也要经得起表扬,不计较个人名利,不盲目自满自足。

　　"理智感"一是情感与理智的综合运用,一是播音员主持人理智感的主要表现。在播音与主持艺术创作中,既需要"热情"的感召力,也需要逻辑的说服力。情感与理智在播音与主持艺术创作中孰轻孰重呢?心理学的研究证实,富于情感的论据是最成功的论据。但这并不表明在播音与主持艺术创作中理智说明的不重要。"纯感情"和"纯理性"的论据都是不可取的。应该提倡"情中寓理、理中有情"。

　　播音员主持人的理智感主要表现为对播音与主持工作(所播节目、所播稿件)的兴趣、爱好和好奇心,并能体验到一种乐趣。这种对播音与主持工作的爱好情感,常常是以最初的愉快感以及对稿件的多次接触之后发展起来的。当播音员主持人经过努力,对稿件提高了认识,加深了理解,掌握了稿件并因此得到肯定时,就会增加对稿件的兴趣,并更加热爱播音与主持工作了。播音员主持人应该尽量避免使自己产生不愉快的体验,激励自己的求知欲,从而激发出潜藏的力量,建立积极探求真理的意向。

　　"美感"是根据美的需要,按照播音员主持人所掌握的社会上美的标准,对稿件内容和形式进行评价时所产生的情绪体验。

　　存在于播音与主持创作中的美,往往是通过播音员主持人的情感表达出来的。当播音员主持人善于以美去诱发受众的知觉时,那么他的播音与主持艺术创作就能支配受众的情绪,左右受众的心灵,满足受众的审美情趣的需要。如果播音与主持创作中给受众的是一些畸形、变态、丑陋的形象与言语,那么受众就不可能被播音与主持所倾倒、所感动。

　　播音员主持人不应该否认美感的直觉性。这里所说的直觉性主要是指用声方面的特点在美感的产生中起着重要作用。播音员主持人需要依据现代汉语普通话具有的音乐性及播音与主持吐字发声所需要的稳劲、持久、自如这些特点来引起美的体验。这些外部特点在播音员主持人美感的产生中起着重要作用。但它又是不能离开节目内容而存在的,作为美感生发的源泉并不只限于事物的外在特点,起决定作用的是事物的内容。这就需要播音员主持人的美感必须是形式美和内容美的统一,因此除了需要有声语言外在的美感,还需要真挚、诚实、纯朴和助人为乐、热情无私的亲切感等内在美感。

　　播音员主持人的美感和道德感一样,也受社会、生活条件等制约。美的需要总是反映一定社会关于美的标准。不同的社会历史阶段、不同的社会制度和不同的风俗习惯,影响对客观事物美的标准,因而对美的感受体验也是不同的。世界各民族尽管也有许多共同或不同的美感可以相互交流,对别国人民健康的美感应当借鉴,但是这种借鉴要符合本国的民情和习惯,适合本国人民的民族风格和民族形式。

3 播音员主持人情感和情绪的区别与联系

播音员主持人情绪和情感的触发原因,乃是客观事物本身,而不是主观需要。正如毛泽东同志在《实践论》中所说:"人们要想得到工作的胜利即得到预想的结果,一定要使自己的思想合乎客观外界的规律性。如果不合,就会在实践中失败。"比如要想做好播音与主持工作,就要懂得它的性质、任务,搞清楚播音员主持人和节目、稿件,和受众,和其他有关方面的关联,掌握播音与主持再创造的规律,并使自己的思想合乎这种客观的规律性。自作聪明,随心所欲,凭主观随意性去播音与主持,想不用气力就获得成功是不可能的。

播音员主持人的情绪和情感的联系是很紧密的。一方面,情绪依赖于情感。情绪的各种不同变化,都受制于已经形成的情感及其特点;另一方面,情感也依赖于情绪。情感总是在各种不断变化着的情绪中,得到自己的表现。在某种意义上可以说,情绪是情感的外在表现,情感是情绪的本质内容。同一种情感在不同的条件下可以有不同的情绪表现。如有爱国主义情感的人,看到祖国日新月异地发展时,是多么地兴奋和喜悦;但祖国受到敌人的蹂躏和侵犯时,会无比地愤怒和激动;当祖国处于危难时刻,又会表现出十分忧虑的情绪。

情绪状态直接关系到播音与主持艺术创作状态的形成。在一般情况下,播音员主持人的心理活动都带有情绪色彩。情绪状态可能依赖于所进行的播音与主持创作行为的性质;同时它本身也会对播音与主持创作行为和自我感觉发生积极的影响。如良好的心境,能使播音员主持人的认识活动和意志活动积极起来。

心境能影响播音与主持创作的情绪状态。心境不是关于某一事物的特定的体验,它具有弥散性的特点。当播音员主持人处于某种心境时,往往会以同样的情绪状态看待一切事物。如有的播音员主持人在心境很好的情况下,情绪状态也非常积极,思维敏捷,气息似乎也饱满了,吐字发音更觉得顺畅了;在心境不良的情况下,则感到枯燥无味,且容易被激怒,事事感到别扭,遇到困难也难以克服。

第三节　播音员主持人的情绪

播音与主持艺术创作不仅是播音员主持人思想素质、知识结构、播音与主持技巧的"全息检验",而且是个体心理素质优劣的综合显现。凡是有成就的播音员主持人一般都具有良好的心理素质,正是凭着个体良好的心理素质,才能使他们的有声语言艺术才华得以充分表现。情绪和情感正是播音员主持人心理素质的重要方面。

1 播音员主持人的情绪表现

播音员主持人的情绪与本人的生理需要相联系。当生理上的需要得到满足时,就会有积极的情绪体验;而当诸如"饥饿""口渴""疼痛"等发生时,则会出现明显的消极情绪体验。因此,播音员主持人在播音与主持过程中要使自己始终处于积极的运动状态,遵循正确的创作道路,首先就必须调整自己的情绪,使自己获得积极的情绪体验,才能不使创作道路出现偏差,造成习惯性的、永久性的病理症状,甚至影响播音与主持生涯。播音员主持人的情绪往往与低级的心理过程相联系,因此,它也是播音员主持人个体意识发展的最初因素。

(1) 最明显的消极情绪体验——紧张

心理素质中情绪的稳定是首要因素,情绪的稳定是语言技巧与形体动作稳定的前提和基础。

对于播音员主持人来说,紧张情绪是一种最明显的消极体验,而紧张情绪的最强度,一般表现在即将进入创作之前。此时,播音员主持人常常为播音与主持艺术创作能否成功,受众能否对自己的播音与主持注入热情,专家、同行对自己播音与主持作品的可能评价,表现出担忧。这种担忧常常表现为"怯场",从而形成话筒前的消极状态。播音与主持效果的好坏,往往要受到情绪条件的影响与制约,话筒、镜头前的消极状态能使精心准备的播音与主持创作(理解感受、语言技巧、形体仪表)化为乌有,前功尽弃。

话筒前消极状态的一般表现是过分的紧张。"紧张"是环境刺激与机体能力不平衡的结果,是机体不能适应环境的"情绪应激"行为。它往往表现出如下生理反应:心跳加快,呼吸急促,血压升高,汗腺分泌,口舌干燥,喉头发紧,声音发颤,四肢僵硬,肌肉抽搐,头痛晕眩等,从而导致语言与动作的稳定性和协调性下降,甚至失去自控能力。

紧张情绪可以引起呼吸系统的变化。正常人在安静状态下,呼吸次数每分钟为 20 次左右,紧张情绪出现时,可达 40 次左右。同时可以引起呼吸比率的变化,一般情况下的比率为 0.70,情绪紧张时,可升高到 2.00 以上。播音与主持过程中呼吸系统的这些变化,将导致播音员主持人难以保持恒常的语言频率,使播音与主持节奏产生变化,速度一味增快,难以自控。同时,诸如重音、语气、停连等技巧都难以施展,使语言平淡无味,以至失去语言的乐感本质。

紧张情绪可以引起循环系统的变化。因播音与主持时的情绪紧张,血压会升高,心跳次数明显增加,常人每分钟心跳为 60 至 80 次,而播音与主持紧张情绪发生时,心跳可高达 100 至 130 次,同时也常常会导致全身肌肉痉挛,这时候,很容易观察到紧张者四肢肌肉轻度的颤抖。由于循环系统的这些变化,播音员主持人的表情、姿态、手势、动作会失去与语言的协调性,本来不需要手势辅助的地方却做出了动作,而需要有所动作的地方,却打不出手势,甚至手脚出现不知所措的现象。同时,因面部肌肉的紧张,能使目光显得呆滞,难以传神,不能表达出喜怒哀乐等特殊感情。

紧张情绪可以引起腺体与内脏器官的某些变化。播音员主持人紧张时,唾液的分泌减少,身体大量出汗,胃部停止蠕动,大脑皮层与高级神经中枢出现"瞬发式"失调。腺体与内脏器官的某些变化会使播音员主持人的语音产生变化,因出汗较多,身体缺水,唾液分泌又少,导致声带闭合失调,声音干哑,响度(音强)减弱。同时,因脑神经的高度紧张,使得记忆思维的清晰度减低,即使备稿很充足,播音与主持过程中也会"螺蛳"不断。

心理学上把能够引起紧张情绪的事物称作"应激源"。应激源有四类：躯体性的、文化性的、社会性的和心理性的。在播音与主持过程中，紧张的应激源主要是后两种，即社会性的和心理性的，具体来看有：

陌生体验。新播音员主持人置身于不熟悉的环境和气氛中，如第一次录制正式播出节目或头一次站在舞台上，紧张的情绪体验必然会发生，它形成的"孤独感""危机感"，甚至会使播音员主持人脑中出现一片空白。

过度期望。播音员主持人都期望自己的创作能获得成功，但主观的过高期望，如"一致赞美""最好的播音主持作品"等，会促使播音员主持人追求每个细节的"完美"，从而导致播音与主持创作时的患得患失，一旦稍有差池便会出现慌乱、烦躁，进而扰乱了预定的准备和设计。

自卑态度。尤其是新播音员主持人，认为自己知识不够，经验不足，缺乏足够的素质、修养，于是在话筒前只是"将就""凑合""应付"，看到搭档的播音员主持人准备充分、从容不迫、口若悬河，就增加了心虚和胆怯，形成自卑态度。也有因为备稿不充分或根本没有备稿而形成"非砸锅不可"的"先见之明"而导致的自卑态度。

受众压力。如果播音员主持人确信受众对节目内容和主题比自己更了解，或感觉到受众的"逆反心理"（受众议论纷纷、不屑接受、对播音员主持人抱有不友好态度等）就会形成直接的心理压力，从而产生"赶快播完算了"等的迅速逃避意向。

人格特征。性格顺从、依赖性强、易受暗示、内向羞怯的播音员主持人容易形成紧张情绪。

由于紧张情绪对播音员主持人的创作具有诸多消极影响，因此，对播音主持过程中的紧张情绪适时适度调节，成为播音与主持艺术创作中不可或缺的心理调控方法。不过，紧张只是指过度的紧张，适度的紧张不仅无害，反而有益。

人的紧张水平与活动效率呈倒"U"字曲线关系。就是说，过低或过高的紧张水平都不利于活动，只有在适度的紧张状态下，才会有好的效率。适度的紧张是人们活动的激励因素，能产生"活化效应"。适度的紧张会促使人体内肾上腺素的大量分泌，而不至于形成分泌紊乱，增加肾上腺素的分泌，不仅能增加体力，而且能大大促进人的思维活动、注意能力、记忆能力等。

适度的紧张也能激励人去认真地、审慎地对待活动,而不至于盲目自信、草率从事。如果播音员主持人即将在话筒前播音主持时还是一副无精打采、无所事事的样子,这肯定不是好现象。

(2)如何避免因紧张情绪而产生的消极状态

播音员主持人应建立自信心。人的各种声音都是通过肺部呼出的气息在呼吸肌肉群的控制下,经声带震动及共鸣器官的扩大作用而产生的,它需要高级神经活动的调节和各种肌肉活动的协调配合。现代生理学把神经和肌肉的活动联系起来,认为肌肉的活动受神经支配,如果播音员主持人在话筒前对播音与主持抱有自信心,情绪处于一种松弛的状态,那么播音与主持创作过程中神经就可以支配各种肌肉活动,使呼吸平稳。自信心来自播音员主持人的信念,以及对自我客观的评估,所以对播音与主持目的和语言技巧的掌握,就成了改善话筒前心境的重要一环。

纵观事业上有成就的人,大都非常自信。我国播音与主持界的许多著名播音员主持人,尽管他们都有各自不同的风格特征,但有一点是相同的,就是他们都具有话筒前的自信心。自信心是他们取得成功的重要保证,同时也是他们独特风格的特征之一。

2 播音员主持人情绪的影响因素

影响播音员主持人话筒前情绪稳定的因素很多,就播音员主持人心理形成来说,大致有以下几个因素:

心理素质。播音员主持人都具备一定的心理素质。按照不同的参照系,从不同的角度可以得到不同的素质指标。首先是智力水平。智力水平通过智商数值的高低表现出来,一般说,智商高的播音员主持人在节目中反映比较敏捷,适应能力强。智力水平直接关系到播音与主持的心理状态。智力水平由两条渠道形成。一是先天禀赋,二是后天造就,而"后天造就"是主要的。人的先天智商再高,如果缺乏后天的学习努力,脱离实践,只能成为一事无成的"天才"。其次是技能水平。成熟播音员主持人之所以在节目中心理较为稳定,有声语言技巧发挥得好,这与他们掌握播音与主持技能的熟练程度不无关系。良好的播音与主持技能是播音与主持状态的坚强后盾,平常所说的"心中有数""从容不迫"恰是道出了播音与主持技能与心理状态之间的关系。基本功愈扎实、深厚,话筒前情绪愈稳定。

实践经验。实践经验与情绪的密切关系是不言自明的。播音员主持人的实践次数,直接培养和造就了播音与主持心理,播音与主持心理与播音员主持人的情绪状态成正比。一般来说,成熟老播音员主持人的播音与主持心理状态较之新播音员主持人要稳定得多。

播音主持环境。在一定的地点与范围、时间与空间中,播音员主持人与受众情感交流的方式和手段构成对播音与主持心理发生作用的特殊环境因素。演播室(录音室、直播室)、舞台场地的大小,录音录像器材性能的好坏,受众、监审人员、技术人员的多少,现场气氛的热烈、紧张程度,甚至灯光的强弱、座椅的高低都会对播音与主持心理状态形成一定压力,如果调节不好或不及时,就会影响播音与主持技能的发挥。其次,播音员主持人需要凭借文字稿件以有声语言的规律取代文字语言的规律进行播音与主持艺术创作。播音与主持质量的高低,很大程度上要依赖能显露有声语言内涵及变化的文字依据,从这个意义上说,文字稿件也是播音与主持艺术创作的一个环境因素。然而,不少编辑记者,特别是一些从事文字工作多年的人员,他们能够毫不费力地、极为习惯地把有声语言转化为文字语言,却极少想到广播电视中发送出去的是有声语言这个事实,他们所形成的文字稿件这个环境往往不是以对"有声语言的尊重去克服对文字语言的偏爱"(张颂《简论播音艺术的欣赏层次》),不是"把注意的方向从把声音还原为文字的轨道上转移到捕捉有声语言的内涵及声音变化上来"。(张颂《简论播音艺术的欣赏层次》)面对咬文嚼字、生涩拗口的文字语言稿件,播音员主持人常因"力不从心"而压力倍增,使播音与主持心理极不稳定。

受众背景。"受众背景"主要是指受众对播音员主持人的期望值和播音员主持人的自我评估对播音员主持人心理造成的影响。自我评估虽然很重要,但实际上与受众的期望值的关系更加密切,它的作用发挥离不开受众的期望值,彼此紧紧连接在一起。一般来说,受众期望值高,播音员主持人的自我评估也高,反之亦然。但问题往往并非那么简单,首先受众期望的构成很复杂,有政治的、民族的、集体的,甚至家庭方面的因素。其次,受众期望所产生的心理状态是播音员主持人通过自我来实现的。所以有时受众期望值过高,播音员主持人的自我估价会出现逆转而成为心理压力,使播音员主持人在播音与主持时患得患失,反而影响了话筒前的情绪状态。

意外情况。播音与主持过程中意外情况的发生,常常是具有突发性质的,往往不以播音员主持人的主观意志为转移。播音员主持人对意外情况猝不及防而造成一定的心理压力,使播音与主持心理产生消极情绪体验。

意外情况常表现为:突发的技术故障(包括录音录像停断,话筒、摄像器材故障等);播音与主持过程被意外打断;突然的严重噪音影响;有关无关人员的干扰;播出内容的中途撤换;突然的身体不适、突发疾病,等等。意外情况虽说不是播音与主持心理形成的主要因素,但它对播音与主持心理状态的稳定却有着不可忽视的影响和作用。

受众素质。播音与主持创作的传播性和艺术性给受众以使用价值和审美价值,从而发挥着广播电视的优势。播音与主持应该给受众以美感,从而使这种传播性和艺术性的紧密结合在受众中得到普遍关注,并在审美过程中形成特有的欣赏层次。

受众年龄、文化素质等程度不同,形成不同的欣赏层次。不同层次的欣赏要求,对不同题材、体裁的播音主持艺术创作有着不同的感受。由于一部分播音员主持人的艺术创作还只能达到较低欣赏层次的水平,不能给受众以更高的审美情趣。即使能够把受众引导到高级欣赏层次中去的播音员主持人,也不能自满自足,因为受众的信息反馈,对播音员主持人赞誉的评价,总是少于对欠缺的指点。再则,有关领导、采编、技术等部门的人员是先于受众欣赏播音与主持作品的,而且是在更深层次、更高水平上欣赏、审核、品评的,这必然对播音员主持人造成一定的心理压力,这种心理氛围也对播音与主持心理发生影响的重要因素。

播音与主持心理不是偶然形成或一种因素作用的结果,而是多种因素综合作用的结果。

3 提高情绪稳定性的训练方法

(1) 建立自信心
增强自信心的训练方法:

① 经常大声练习唱歌或念"绕口令";

② 尽量多与人交谈,养成健谈的习惯,交谈中要盯住对方的鼻梁,让对方感到你正在注视他的眼睛;

③ 养成微笑的习惯;

④ 学会用从容不迫的坚定语调表述自己的观点;

⑤ 养成昂首大步的习惯,径直迎着别人走去;

⑥ 习惯于用毫不含糊的语调说"不";

⑦ 接触比自己强的人;

⑧ 习惯于用幽默来处理反对意见;

⑨ 学习并养成分析他人的习惯,既分析优点,也注意分析弱点,以增强自己的信心。

(2) 培养激情

任何播音与主持都不能脱离思想感情的表达。没有激情的播音员主持人不是好播音员主持人,没有激情的播音与主持艺术创作不可能是好播音与主持作品。因为思想感情的运动,不但表现播音员主持人对播出内容的理解深度,使作品的原意有效表达出来,而且可以使播音员主持人在激发情感的过程中,得到情绪状态的调整。

"激情"是指播音员主持人个人的喜怒哀乐等心理活动,伴随对播出内容的认识活动和意志行动而产生的情绪体验。播音与主持艺术创作是一种表现和激发情感的有声语言艺术创作活动,是受众对播音与主持情感内涵进行体验的信息传递过程。因此,对播音员主持人来说,只有努力培养自己宽广的胸怀、纯真的情操、美好的憧憬、深邃的境界、蓬勃的志趣、灵动的活力等世界上最优秀的品德,最珍贵的思想感情,并使其时时处于运动状态,才能在播音与主持时以情带声,有的放矢地控制自己的情感,保持良好的情绪体验。

(3) 适应环境

每一位优秀播音员主持人在播音与主持创作时,都非常重视对播音与主持现场环境的适应。环境的适应内容很多,主要包括:对播音室、演播室、舞台场地的适应;对话筒、灯光的适应;对播音与主持桌椅的适应;对受众氛围的适应;对音响器材、现场色彩的适应;对播出内容和遣词造句以及稿件文字的适应等。通过以上适应,才能做到"心中有数",为理顺播音与主持前的状态做好情绪准备。

(4) 调节心境

保持积极的情绪体验,调节好不良情绪。有经验的播音员主持人通常在播音与主持前采取分散注意力或淡忘不良刺激物的方法进行心理调节。例如:听音乐、读小说、讲笑话、作松身运动,也可以闭目遐想一个静谧、优雅的情境,或者在电扇前、窗门口迎风增加些爽意。通过这些方法,可以转移不良兴奋点,形成有利于播音主持的兴奋点,从而获得播音与主持的最佳情绪状态。

(5) 进入角色

播音员主持人在艺术创作中愈能进入心理角色,外界的干扰就愈不易进入播音员主持人的视野,比较容易形成平静稳定的创作心理,有利于播音与主持技能的表现和发挥。

4 调节紧张情绪的若干方法

由于消极情绪体验对播音员主持人有诸多不良影响,因此对播音与主持创作过程中的消极情绪体验适时地调节,成为播音与主持艺术创作不可缺少的心理方法。播音员主持人应该掌握如下一些调节紧张情绪的方法:

(1) 呼吸调节法

进入播音与主持环境前,运用呼吸来松弛紧张情绪既简便又可行。

进入播音与主持状态前,采用立姿,目视远方,全身放松,调节呼吸片刻,然后闭嘴,缓慢深吸气,并按顺序意守鼻准(鼻尖)——丹田——大脚拇指;吸足量后,稍停片刻,再缓慢地吐气,并按顺序意守脚趾——丹田——鼻准,直到气吐尽。反复多次进行。

进入播音与主持环境后,采用坐姿,目视话筒或镜头,两肩放松,作腹部深呼吸二到三次。

(2) 身体松紧法

日本心理学家高木重朗认为用身体松紧法对付精神压力有特殊效果。实践证明在播音主持创作中采用此法确有放松效果。

采用立姿或坐姿,也可以采用卧姿,手脚直伸,手指大张,指尖、脚尖向内,吸气,屏气,全身肌肉尽量绷紧;稍停,大喊一声"哈!",指尖、脚尖同时向外摊开,全身肌肉放松。进行三到五次后,进行二到三次短时间腹式呼吸调整。也可以简单地收缩、放松肌肉,交替数次。

(3) 自我暗示法

暗示方法多种多样,但主要是利用内在语进行自我安慰、排解、鼓励。例如:

"今天的内容我很熟悉,没有必要紧张。"

"声音好坏没关系,只要我按照准备的说下去就是胜利。"

"只要我播好开头,就不会紧张了。"

也可以联想自己以往播音与主持创作中所表现出的镇定自如的状态,以自信心的增强来减缓紧张的情绪。

这些方法虽然简单,但运用得当,确实有效。心理学家奥尔波特认为,这些方法作为一种"短循环反映",能使自己立刻"热起来",也能使自己立刻"冷起来"。

(4) "白日做梦"法

白天睁着眼睛做梦的情景,在心理学上叫作"白日梦",也雅称为"遐思"或"遐想"。白日梦与夜梦一样是生活中得到的一部分信息绕开了知觉,成了梦的原始材料,这些无意识的资料,在做梦时便像一幅一幅电影画面那样,剪辑拼凑成梦。

从心理学观点来说,做白日梦是一种相当有效的松弛心理神经的方法。心理学认为,"空想"对松弛身心,稳定情绪,解决问题很有益处。美国明尼苏达大学心理学家林克杰说:"白日梦题材多属个人关心的切身事情……往往会激发出自己意想不到而觉得欣喜的解决方案。"另一位美国心理学家比利保飞顿博士指出:"白日梦虽然是虚幻的'遐想',但对人的精神心理有积极作用",他说:"对每天从事刻板和枯燥工作的人们,能暂时从乏味的现实中游离出来,徜徉于白日梦境中情绪能获得松弛,有助于消除生活与工作上的不悦。"因此,播音与主持创作前不妨做做白日梦。

(5) 临播转移法

要避免临播前紧张,一定要提前到场。

可以先到播音与主持现场熟悉环境,看看桌椅、话筒高低,灯光明暗等,做一次心理准备。也可以与编导、技术人员交谈不相关的话题;如果条件允许,可以站姿活动一下躯体四肢,散散步,也可以看看自己的衣着打扮有什么影响情绪的地方。

适当摄入些温热饮料,如咖啡、茶、糖水等,不仅能解除因紧张带来的咽喉不适,而且能产生暂时精力旺盛和舒适的情绪,缓解因疲倦、疲惫而形成的厌倦、紧张、焦虑、沮丧等情绪。

另外,在播音与主持创作前把一切外界不良刺激尽可能转移、排除,这也是保持积极情绪体验,减缓紧张情绪的重要方法:

尽最大努力避免与人争论,不宜用电话去办理其他事情;不宜阅读引起烦恼的书信。

为了分散播音主持创作中大脑的紧张度,可以有意识地把注意力转移到一件具体的物体或物品上。如在播音与主持创作前,可以对一个杯子、话筒等细心地"研究""揣摩"其色彩、质量、出品时间与厂家、地点等属性,也可欣赏演播室、播音室的装备、装饰的艺术特性,以对某一事物产生新的兴趣而转移紧张情绪。

第四节　把握情绪和心态的原则

1 必须获得编辑记者的心态

过去比较多地要求播音员主持人围绕"怎么说"下功夫。但随着播音员主持人越来越多地参与到节目的深层次运作中来,播音员主持人逐渐把重心从"怎么说"转到了"怎么说"与"说什么"并重上来,开始花费相当多的心血于原来只属于编辑记者考虑的节目内容即"选题"上了。为此,播音员主持人必须获得编辑记者的心态,以编辑记者的心态去观察社会,从而在充满选题的社会生活中获得灵感。

2 眼神目光的交流

目光要真诚、专注、柔和地平视受众、嘉宾,眼光停留在受众、嘉宾的眼眉部位。千万不要让视线左右飘浮不定,否则会让受众、嘉宾产生不安与怀疑。因为一个不能正视别人眼睛的人常常被理解为诡诈多变,不说实话。

要学会将您的关怀和赞赏用眼神表达出来,要学会用眼神与受众、嘉宾交流,使受众、嘉宾从播音员主持人的眼神中看到自信、真诚与热情。

3 微笑的魅力

微笑可以使"得者获益,给者不损"。微笑还可以除去两人之间的陌生感,使双方敞开心扉。

只要播音员主持人能够创造出与受众或被采访者一起笑的场面,就突破了第一道难关,拉近了彼此间的距离。陌生感消失了,彼此的心就在某一点上沟通了。

4 真诚的赞美

赞美别人是件好事情,但并不是一件简单的事,若在赞美别人时,不审时度势,不掌握一定的技巧,反而会使好事变为坏事。正确的赞美方法是:

(1) 要真诚的赞美而不是谄媚的恭维

与谄媚的恭维不同,真诚的赞美是实事求是的、有根有据的,是真诚的、出自内心的,是为天下人所喜欢的。天底下好的赞美就是选择对方最心爱的东西,最引以为自豪的东西加以称赞。

(2) 借用第三者的口吻来赞美

播音主持人员如果说："怪不得大家都说您是最漂亮优雅的,这回一见可真让我信服了。"就比说"您真是漂亮"这句话更有说服力,而且可避免有轻浮、恭维奉承之嫌。

(3) 间接地赞美嘉宾

对方是个年轻女嘉宾,为了避免误会与多心,不便直接赞美她。这时不如赞美她的丈夫和孩子,而播音员主持人会发现这比赞美嘉宾本人还要令她高兴。

(4) 赞美须热情具体,还要大方得体适度

播音员主持人赞美别人时千万不能漫不经心,这种缺乏热诚的空洞的称赞,并不能使对方高兴,有时甚至会由于播音员主持人的敷衍而引起反感和不满。与其说"您的歌唱的不错",还不如说"您的歌唱的不错,不熟悉您的人还以为您是专业歌手哩"。

赞美要根据不同的对象,采取不同的赞美方式和口吻去适应对方。如对年轻人,语气上可稍带夸张;对德高望重的长者,语气上应带有尊重;对思维机敏的人要直截了当;对有疑虑心理的人要尽量明示,把话说透。

5 给对方以自重感

美国著名的心理学家、哲学家詹姆斯:"人类天性的至深本质就是渴求为人所重视。"法国哲学家罗西法也告诉我们:"如果您要得到仇人,就表现得比对方优越吧;如果您要得到朋友,就要让对方表现得比您优越。"真心地向嘉宾求教,是使嘉宾认为他在播音员主持人心目中是个重要人物的最好办法。既然播音员主持人如此地重视他,他也不会让您失望。

6 礼仪的握手

握手讲究四指并拢,手掌伸直,从右向左45°倾斜伸向对方。握手时要热情有力,要通过握手迅速传达出播音员主持人对他的喜欢和爱戴。握手

时也不可过分热情,造成用力过猛或上下摇摆不止。握手时男女有别,女士不先伸手的情况下男士也不可伸出手来要求握手,而且握女士手时,男士只可握其1/4的手指部分,以表示尊重。

7 成功的坐姿

播音员主持人坐下时身体要自然收腹挺胸,背部要直,最好是只坐椅子的1/3,而不可让后背依靠在椅背上。男士双脚放地时可与肩同宽,女士则要双腿并拢。无论男女播音员主持人坐时都不要跷腿。总之,播音员主持人坐时要给予嘉宾谦虚稳重之感。

8 皮格马利翁效应与心理暗示

皮格马利翁是古希腊神话中塞浦路斯的国王,他非常爱慕雕刻的一尊少女的雕像,他的热烈期望竟然使雕像成了活人,两人终于幸福地生活在一起。

皮格马利翁效应又称为"标签效应",含义是:你给自己贴上什么样的标签,你就成为什么样的人。

9 精神电影放映法

(1)用精神电影放映法做心理暗示

进行三次深呼吸,每次都要憋气几秒钟。呼气的时候心里默念"放松",这样可以帮助您安静下来,以便更容易地将积极的思想形象和情感输入大脑。

想象自己完全沉浸在积极兴奋的理想之中,充分地享受其中的快乐;让您所有的感觉:"视、听、嗅、味"甚至连第六感觉都全部投入进来;让自己充分体验这一满意结果所带来的积极情绪,体验其中的自信、满足、充实和爱,以及这一满意结果感带来的一切好的东西。这样您就能将希望的种子在自己的头脑中播种完成。这就跟我们有时给自己输入消极情绪后,就会使我们沮丧、懊悔、不安和痛苦是同一个道理。

(2) 每天工作前都要做一遍"精神电影放映"

通过这一热身运动,让自己充满自豪、喜悦和必胜的心情。同时也可结合"呐喊"术来再次激励自己。如大喊:"今天我一定能够做到! 今天我一定能够成功! 我是最好的! 我是最优秀的!"等等。

威廉·詹姆士作为伟大的心理学家,已经向人们证实了:"情绪不能立即降服于理智,但情绪总是能立即降服于行动"。所以千万不要小看这个热身运动,播音员主持人要明白,一个人不是一个机器,他的超越或失败都与他的心理能否受到激励有关。正如拿破仑·希尔所说:"只要头脑可想象的,只要自己相信的,就一定能实现。"

感 悟 与 思 考

1. 播音员主持人的活动都伴有哪些心理现象?

2. 为什么说作为语言艺术形式的播音主持艺术创作,情感的激发和运用尤为重要?

3. 什么是播音员主持人的情感本质?

4. 如何理解播音员主持人的社会性情感主要为道德感、理智感和美感?

5. 为什么说播音主持艺术创作不仅是播音主持人员思想素质、知识结构、播音主持技巧的"全息检验",而且是个体心理素质优劣的综合显现?

6. 把握情绪和心态的原则有哪些?

第二讲

播音员主持人的个性心理特征与性别差异

播音员主持人的个性不是客观环境的消极产物,而是客观现实与心理活动相互作用的结果。播音员主持人只有投入到适应或创造播音与主持有声语言艺术的活动中,才能形成和发展自己的个性。

播音员主持人的个性结构主要包括个性心理特征和个性意识倾向两个方面。

第一节　播音员主持人的性格

"性格"是指在播音员主持人个体生活过程中所形成的,对现实稳固的态度以及与之相适应的、习惯了的行为方式。它是播音员主持人个性中最重要、最显著的心理特征。

对播音与主持艺术创作的认真负责、一丝不苟,高度的原则性,坚毅果敢、豪爽活泼,有礼貌、肯助人等等,这些特征的总和就是优秀播音主持人员的性格。

性格与气质有着相互渗透、相互作用的关系。性格比之气质更能突出反映播音员主持人个体的心理面貌,是播音员主持人个人本质属性的独特的、稳固的结合,是区别于他人的集中表现。对现实的态度的稳定性及其行为方式的恒常性,鲜明地反映出每个播音员主持人独特的性格特征:有的诚恳正直、刻苦努力、谦虚谨慎;有的消极敷衍、粗心怠惰、骄傲自大。这些特点都是播音员主持人在处理包括与受众关系方面所表现出来的性格特点,是构成播音员主持人不同性格的一个重要因素。

播音员主持人各自不同的、习惯了的行为方式,还取决于各自认知、情绪、意志这些心理过程的不同特点。这些不同的心理过程对行为方式的影响,构成了性格的理智特点、情绪特点和意志特点,它们对播音员主持人创作活动的自我调节起着一定的作用,是构成播音员主持人不同性格的又一个重要因素。

播音员主持人独特的心理特征,也表现在他们对播音与主持艺术创作活动中各种事物的态度和习惯化的行为方式上。如有的傲气、娇嗔、泼辣;有的热情、开朗、活泼、外露;有的深沉、内在、多思;有的耐心细致有余,大胆自信不足;有的慢条斯理,有条不紊……。这种稳固的、定型化了的态度体系和行为样式,也是形成播音与主持艺术风格的基本条件之一。

第二节　播音员主持人的能力

"能力"也是播音员主持人能够顺利完成播音与主持艺术创作活动并直接影响播音与主持艺术创作效率的个性心理特征。完成播音与主持艺术创作活动所必须具备的各种能力的综合叫"才能"。优秀播音员主持人必须具备的专业才能包括较高的理解力、判断力、感受力,表达力、想象力、记忆力、自制力、意识力等等。

1 播音员主持人的一般能力和特殊能力

播音员主持人的能力可分为一般能力和特殊能力两种。

所谓一般能力,是指播音员主持人在播音与主持艺术创作中所需要的基本能力,即通常所说的智力(或智能),包括以观察能力、记忆能力、想象能力、思维能力为核心。

所谓特殊能力,是指播音员主持人在播音与主持艺术创造活动中所表现出来的能力,如视听能力、鉴别能力、组织能力、表达能力等等。

一般能力与特殊能力存在着相互制约、相互促进的关系。某一方面特殊能力的发展，依赖于某一方面特殊的训练，而任何特殊能力的成功训练都离不开一般能力。一般能力的发展，为特殊能力的发展创造了条件。反过来，特殊能力的发展，在一定条件下也积极影响一般能力的发展。

2 播音员主持人的能力差异

播音员主持人的能力差异主要表现为能力发展水平、能力的类型以及能力表现早晚这三方面。

（1）能力发展水平差异

智力品质上的差异。智力品质一般说可以成对地分为：广阔性和深刻性；敏捷性和准确性；灵活性和顺序性；依从性和独立性。但是，这些智力特征之间的组合因人而异，有的播音员主持人这些智力特征明显和突出一些，有的则可能另一些智力特征明显突出些。

特殊智力上的差异。智力作为播音员主持人各种认识能力的综合，带有普遍性。但是作为偏于认识方面的个性心理特征，则必然又存在着明显的个体差异，表现出因人而异的特殊性。如喜爱音乐的播音员主持人一般听力比较好；热心文学艺术的播音员主持人一般记忆能力较高，往往表现出敏锐的观察力、创造力和想象力，以及高度的文字与语言表达能力；具有美术能力的播音员主持人往往表现出高度的视觉敏感性（线条感、比例感、色调感）以及想象的新异性，美感表现力强，服饰得体美观等。播音员主持人必须学会全面准确地评价自己的特殊智力，并将这种智力自觉地迁移到播音与主持艺术创造过程中，使其成为自己的一种特殊能力。

一个具有多方面高度发展能力的播音员主持人，其知觉往往全面，概括既准确又迅速；其注意力易于集中、灵活而范围广；通常记忆力迅速、准确而巩固；与艺术创作活动有关的想象也丰富、新颖；尤其重要的是其思维的广度、深度和灵活性成为他的主要特征。

（2）能力类型上存在差异

知觉综合能力强的播音员主持人的知觉特点是高度概括性和整体性，但分析方面较弱，不太重视细节的感知，层次感较差；分析能力较强的播音员主持人,对细节感知清晰,但整体性不够。在记忆方面,有的播音员主持人运用视觉记忆好,见字生情、见字有感的能力强,另一些播音员主持人运用听觉记忆好,通过某种音响提示,能达到情景再现。

(3) 能力表现早晚的差异

有些播音员主持人的能力,在初学时期或工作早期,就有了"人才早熟"的表现。如苏联著名播音员尤·列维坦,17岁就进入全苏广播电台从事播音工作。再如我国很有成就的著名播音员齐越、夏青、陈醇、关山等等都是二十岁左右就已崭露头角,他们都较早地在播音主持艺术创造方面具有较高的能力。他们之所以成才早,是由于在大脑和某些生理器官条件与神经系统的某些方面所集中的某些先天特点,对播音主持艺术创作能力的形成,提供了有利条件,或促使他们在早期就得以有突出表现:声带质量好,肺活量大,共鸣器官优越,语感强,等等。当然重要的还是环境的影响,所受的教育和播音与主持艺术创作的结果。

事实上,我国播音与主持界许多人的优异能力或天才表现都比较晚。如著名播音艺术家铁城、林如、方明,等等,都是后来被认为具有优异播音能力的"大器晚成"的人。许多播音员主持人经过刻苦努力,学习掌握各种播音主持技能,随着工作经验的积累,年龄的增长,逐渐表现出突出能力的。当然,确实也有些早慧的播音员主持人随着年龄的增长,出现了"江郎才尽"的结局。

第三节　性别差异对播音员主持人个性心理特征的影响

马克思曾把男子的心理誉为人类心灵的勇敢的一半,与此相应,把女性心理誉为人类心灵的美好一半。正如人们所知道的,心理学不研究性别差异,就不能称之为人类的心理学。播音与主持心理学的研究当然也是如此。

在播音与主持艺术创作活动中,播音员主持人的性别差异,也是存在"社会刻板印象"的。

1 "刻板印象"和调查研究

提起女性播音员主持人的特殊心理,人们往往会有这样的刻板印象:较之男性播音员主持人,女性播音员主持人的逻辑和推理能力相对较差;她们性格温柔,依附性强;她们声带窄、气息浅、共鸣弱,等等。

"社会刻板印象"也称"性别角色刻板印象",就是人们对男女在行为、个性特征等方面予以的期望、要求和一般看法。

从收集到的有关男女行为和个性的具体资料中会发现,社会刻板印象在有些场合是正确的,但在另外一些场合未必正确。如一般看法认为男性比女性更好攻击,这是男女之间确确实实存在的性别差异。但另一方面人们都普遍认为女性在智力上远远逊于男性,而这是与事实相悖的,在智商上不存在任何性别差异。在这种情况下,刻板印象显然是错误的。

性别差异可能是环境因素(如人的社会存在)决定的,也可能是生物因素(如性激素)决定的,也可能是由上述两种因素相互作用决定的。因此对性别差异原因的研究不能绝对化,而要具体问题具体分析。

2　一般趋向和个体差异

当问到男女播音员主持人之间存在什么差异时,很多人会异口同声地说:男性播音员主持人比女性播音员主持人更适合播送公告、法令、政论文章;而女性播音员主持人更适合播送儿童节目、文艺节目、受众点播类节目。这一看法与对播音员主持人稿件配比的研究结果与编辑记者、制片人对男女播音员主持人的挑选比率是相同的。

男女播音员主持人之间确实存在着平均差异,这些差异从统计学的眼光看是十分有意义的。换句话说,它并非指任何一个男性播音员主持人都比任何一个女性播音员主持人更适合播送公告、法令、政论文章。运用有关性别差异的统计数据,同时揭示平均差异,可以发现在很大范围内呈常态分配状。

在某一特性方面存在着平均差异的同时,还存在着显著的个体差异,即女性播音员主持人相互间的差异和男性播音员主持人相互间的差异。在某种意义上说,个性差异比平均差异更为明显。

性别差异的个性特征和行为主要有:

(1) 攻击性

在播音与主持艺术创作中很难发现"男性比女性富于攻击性"这种行为

特征。有社会心理学家在实验室里,以大学生作为被试对象进行研究,指出在有些场合的确不存在什么明显的性别差异。播音与主持艺术创作中能够勉强反映"攻击行为"的例证就是:在一般情况下,男性播音员主持人和女性播音员主持人对同样的激惹刺激(如谴责、批判、痛斥、激励、号召等内容)似乎也反应不一,即使这种刺激使一个男播音员主持人愤慨激动不已,往往诱发产生"攻击性"的语言表达行为,却不会引起一个女性播音员主持人的勃然大怒、厉语振振,往往只是焦虑不安。

根据认知理论发展的逻辑,对男性播音员主持人的要求是雄浑、劲健、豪放,具有阳刚之壮美;对女性播音员主持人的要求则是细腻、典雅、含蓄,具有阴柔之优美。这已经形成了播音主持的社会刻板印象。

(2) 支配性

支配行为,一般具体表现在能够决定,有主见,或者在某一社会阶层中因坚决果断而著称。大多数的研究显示,男性与女性相比较支配感较强。

在播音与主持艺术创作中,存在着若干值得注意的性别差异。据有关调查,如男性播音员主持人对稿件结构、语法修辞提出疑义的次数,平均要比女性播音员主持人多 1/3;在不影响稿件原意的情况下对稿件用词造句自行改动的次数,男性播音员主持人比女性播音员主持人多 2/5;在播音与主持艺术创作中男性播音员主持人比女性播音员主持人停机次数多 1/4,这其中排除人为、意外等因素,停机的主要原因是"觉得这句话不通""这个词特别别扭"。

另外,男女播音员主持人搭档对播时,男性播音员主持人往往主动要求播头条或主要部分。基于这一研究,得出的结论必然是男性播音员主持人的支配感强于女性播音员主持人。显然,这里"支配"的基本意思为个人对他人试图施加的影响的抗拒,与其说他揭示了男女播音员主持人支配性上的性别差异,不如说实际上是揭示了男女播音员主持人在易受人左右或遵从性方面的性别差异。

(3) 自信性

播音员主持人在自信方面存在的性别差异,是一种十分重要的差异。

男女播音员主持人同时备稿,尚未开始播音与主持之前,如果立即询问他们对稿件掌握的自我估计如何时,男性播音员主持人大多会说:"差不多了""行了",而女性播音员主持人对自己掌握稿件的估计要比男性播音主持人员低,往往会说"没有把握""还没准备好"。我们可以把这一现象看成是女性播音员主持人比男性播音员主持人自信程度低的证明。

虽然上面的实例证明了男女播音员主持人存在着性别差异,但对这一结论的运用,还应该排除以下的情况:首先,女性播音员主持人对她们所播录的每一档节目、每一篇稿件,是否都抱以较低的期望估计,譬如对于她们认为是合适女性播音员主持人的节目或稿件,她们的自我估计并不低。

其次,给予女性播音员主持人成就的评价,作为一种反馈会影响她们自信的性别差异,说她们的声音条件如何好,她们的播音与主持能力如何强的话,那么她们的自我估计并不亚于男性播音员主持人。

最后,根据社会习惯认为和社会评价的存在,女性播音员主持人在自信方面的性别差异有不同。在存在社会习惯认为的情况下,女性播音员主持人的自信自我评价往往较低,但是如果女性播音员主持人独立播音与主持一档节目,或者在她们无法把自己的播音与主持成果与男性播音员主持人相比较的场合,他们的自我评价一般并不低。因此,也可以得出这样一个结果:在某些场合女性播音员主持人与男性播音员主持人相比自信心低,但在另一些场合并不总是这样的。

(4) 焦虑性

在大多数情况下,男性播音员主持人与女性播音员主持人相比,女性播音员主持人在特殊、紧急、仓促等紧张的播音与主持艺术创作环境下显得怯懦、多虑。当然这种性别差异的实例不是很多,而且大都表现得不是很明显。虽然这类实例有可能反映了同男性播音员主持人相比,女性播音员主持人的确显得胆怯多虑的事实。但是,如果男性播音员主持人和女性播音员主持人经历了同样程度的胆怯和焦虑而又只有女性播音员主持人肯于承认,这种情况并不是不可能的。这可能是性别角色的刻板印象所造成的。

(5) 移情性

"移情"是播音员主持人感受到他人正感受的情绪,即将自己置身于他人的情绪空间之中。

依据刻板印象,女性播音员主持人比男性播音员主持人更容易产生移情作用,女性播音员主持人的多愁善感、典雅含蓄、委婉声柔和男性播音员主持人的雄浑威严、刚劲豪放、话语轩昂似乎成了一般刻板印象的不可分的两个部分。

女性播音员主持人是容易产生移情作用的。人们很容易看到女性播音员主持人在现场采访、主持少儿、服务类节目或与受众直接交流中容易与受众在情感上得到沟通,产生共鸣,易于缩小与受众的心理距离,进而感染、悦服受众。女性播音员主持人在播音与主持艺术创作中容易产生移情作用,可能与她们善于设身处地考虑他人的境遇有关。这与女性播音员主持人较容易接受社会道德规范的特性是相联系的。

第四节　生理因素对女性播音员主持人的职业影响与应对

在研究性别差异时,心理学家都把研究集中到月经周期与心理的关系上,其中所揭示出的规律对于研究女性播音员主持人的心理是有裨益的。

1 经前期综合症

1937 年生理学研究者 R·T·弗兰克将行经前的三四天内发生的情绪变化称为"经前紧张"(大约为月经周期的第 23—26 天或 23—28 天),也有人称之为"经前期综合症"。这一阶段以情绪消极为心理特征,包括忧郁、焦虑、不安、烦躁易怒以及自信度低、心神沮丧、疲劳头痛等。虽然运用各种方式进行研究所得的结果似乎表明,伴随着月经周期的各阶段的交替,情绪态度也在起伏不定。

2 播音与主持艺术创作中的"经前紧张"现象

在播音与主持艺术创作中,可以经常观察到女性播音员主持人的"经前紧张"现象。除去其他心理因素,"经前紧张"的确使许多女性播音员主持人,表现出比平时低得多的播音与主持艺术创作效率。但研究也发现情绪波动的幅度在很大程度上因人而异,这恐怕不仅取决于女性播音员主持人的心理适应能力以及所受社会文化因素的影响,而且取决于她当时的体验。当然,行为是否取决于具体的工作环境,是否受到月经周期各个阶段的影响尚无确实可信的证据。

3 月经期的声带保养

这个问题似乎与月经周期心理现象相去甚远。其实不然,在播音与主持艺术创作中,确有一些女性播音员主持人,因不了解"经前期综合症"的心理表现,不能设法消除紧张因素,改善全身状况,从而无法改进因经期而失常的嗓音。

许多女性播音员主持人都有在月经期"嗓子不好使"的感受,但月经期一过,又恢复常态了。根据有关统计,这种现象在女性播音员主持人中占62.7%。

月经期的嗓音变化主要为音色变化,表现为声音闷暗,嗓音沙哑,以中声区最为明显。此外还有音调改变,多下降1～2度。播音与主持用声感到费力,不能持久,声音不容易控制,有的甚至严重到没有播讲欲望。喉肌张力减弱,出现说话漏气、疲劳、发高音困难等等现象。这一系列的嗓音变化一般发生在月经期和月经前期一周左右,以月经来潮前1—2天最为明显。月经期喉镜观察可见声带呈现轻度水肿,黏膜下血管生理扩张,个别严重的可表现为整个声带增厚、松弛、充血。有时月经期用声过度,在声带黏膜下会出现片状出血。医学研究证实,月经期的嗓音变化程度和雌激素分泌过多有关。

但也发现有少数女性播音员主持人平时嗓音不佳,在月经期却嗓音清脆动听,其实这是一种假象。这些女性播音员主持人平时声带闭合无力或黏膜萎缩,而在月经期由于声带充血、水肿,改变了声带体积,发声时声门间隙相对变小了,声门的闭合暂时得到了改善,所以出现了以上表现,这属于一种病理状态。播音员主持人千万不可利用这一机会无限制地用声,否则声带将产生更严重的损伤,月经过后,声带会变得更糟糕。这种病理症状如果反复出现,天长日久便会形成无法排解的消极病理状态,非但月经期的嗓音假象会恶变,而且平时声带闭合不好的毛病将会更加突出。

重视月经期嗓音的生理卫生与心理卫生,是保证顺利完成播音与主持艺术创作的重要环节。在月经期间合理安排用声及保护声带,应该注意以下几点:

一是,平时声带条件较好,月经期无明显变化,播音与主持工作年龄较长且发声方法正确的播音员主持人,可继续练声和播音与主持用声,但对其播音与主持的时间、音强、音高、音量要适当控制。月经期4—5天后,声带水肿消退,即可恢复正常练声和用声。

二是,患有慢性喉炎、声带小结、声带出血等疾病的播音员主持人,应暂停练声和播音与主持用声。

三是,要尽可能地稳定情绪,消除紧张因素,改善全身状况,必要时用药物调整一下内分泌功能,以改进声带。

四是,在月经期如有重要播音与主持艺术创作活动,可在医生指导下服用药物,但应谨慎,不可滥用。

五是,月经期因过度用声出现声带出血,应及时治疗,待出血完全吸收后才能重新练声或播音与主持用声。治愈出血一般需要10—15天,治愈后还需要休息一周,方可进行正常播音与主持用声活动。

4 绝经期的心理调适

女性播音员主持人的许多生理和心理变化都发生在更年期。

女性播音员主持人的绝经正是发生在专业水平由鼎盛转衰减时期,各方面条件(眼力、记忆力、敏感性、声带、口腔肌肉等)都渐不如前,各种负担(工作负担、生活负担、身体负担)比较重,方方面面对她们的期望值并没有因年龄而降低,这就势必造成一种心理反差:她们或为反应迟钝而焦虑;或为力不从心而忧郁。从另一角度来说,绝经期女性播音员主持人心理压力的产生,可能也与社会文化因素的作用有关。在我们这个趋向年轻的播音与主持专业中,衰老过程本身可能就是一种心理压力。绝经期似乎提醒女性播音员主持人,她正在日益衰老。为此该年龄段的女性播音员主持人应该注意心理的调节,一方面给自己在工作期望值上逐步减负减压,另一方面也要加强学习,转换思路,培养健康的生活方式,注意锻炼和运动,用乐观的心态去适应生理的变化,用积极的姿态去迎接职业转型的人生新阶段。

感 悟 与 思 考

1. 如何理解:"性格"是指在播音员主持人个体生活过程中所形成的,对现实稳固的态度以及与之相适应的、习惯了的行为方式?

2. 如何理解:"能力"也是播音员主持人能够顺利完成播音主持艺术创作活动,并直接影响播音主持艺术创作效率的个性心理特征?

3. 为什么说在播音主持艺术创作活动中,播音员主持人的性别差异,也是存在"社会刻板印象"的?

第三讲

播音员主持人审美感受的心理形式

播音员主持人的审美活动一头连通着广阔的生活海洋,一头则联系着播音员主持人自身的审美心理。播音员主持人对审美对象的审美观照必须通过一定的审美心理来实现。

审美心理是播音员主持人所必须具有的心理功能。审美感知、审美情感、审美想象等心理功能的发挥,将在很大程度上决定播音与主持作品的成败。播音与主持审美心理是一个立体的、流动的、联系的、富于过程性的结构。播音员主持人的审美心理既体现了播音与主持艺术创作者的一般审美心理,又有特殊的形式,更沉淀着人类的深层文化心理。播音员主持人通过实践所获得的审美感受对播音与主持艺术创作活动起到支配作用,支配着播音员主持人对生活进行审美把握。

第一节　播音员主持人的审美感觉

审美感知的感觉因素是播音员主持人对作品稿件的个别审美属性的反映,是播音与主持艺术创作获得审美表象的源泉,它是客观世界的主观映象。知觉是播音员主持人在感觉的基础上对作品稿件内容的外在审美属性的完整和综合的反映,具有显著的选择性和主观能动性。

所谓感觉,是指播音员主持人对作品稿件内容的各种感性属性(题材、体裁、感情、色彩、篇幅等)的直接反映。播音与主持艺术审美必须有一个具体对象作为外来刺激,播音员主持人通过感觉才能产生美感。

美感是一种直观的、动情的心理反应活动,这就决定了视、听两种感官必然是美感的主要器官。播音员主持人的审美创造活动正是以视、听两种感官作为美感的主要器官的。

在播音与主持审美感觉中,视觉、听觉固然重要,离开它,播音与主持审美对象就会变成一片混沌而不可理解。但是也不能忽视嗅觉、味觉、触觉、运动觉的辅助作用,更不能像黑格尔说的那样:"艺术的感性事物只涉及视听两个认识性的感觉,至于嗅觉、味觉和触觉则完全与艺术欣赏无关。"(黑格尔《美学》第一卷)

感官传导,引起通感,可以对审美对象作出全面的审美反应,相渗透而又交叉进行,主体的感觉结构的互相配合并用符号加以凝固所产生的效果会使人倍觉新鲜、强烈、丰富。通感的一系列感官系统的转移、渗透,不仅不会使原有的直接感觉遭到歪曲,反而会获得更为积极的内容,形成更为突出的特征。我国古典诗词常有通感的审美经验,诸如"花有清香月有阴"(苏轼《春夜》),"暗香浮动月黄昏"(林逋《梅花》)等等,其审美价值是不容否定的。小说也不乏其例,例如《老残游记》第二回写白妞说鼓书,其艺术魅力是足以和李贺的《李凭箜篌引》、白居易的《琵琶行》相媲美。为描述细若游丝的低音,作者别出心裁地以熨平内脏的舒坦、吃人参果的味觉畅快,用官能的感触体验,表现说书的艺术魅力。

第二节　播音员主持人的审美知觉

所谓知觉,是客观事物整体(播音与主持作品稿件整体)在播音员主持人大脑的反映。同感觉一样,它也是由客观事物(播音与主持作品稿件内容)直接作用于播音员主持人的感觉器官而引起的。但是,它不是对作品稿件内容个别属性的反映,而是对作品稿件内容各种不同属性的综合以及它们的相互联系的反映。

1 整体性

首先,播音员主持人的审美知觉具有整体性的特点。感觉以反映播音与主持作品稿件内容的个别属性为特点,知觉则不是只反映播音与主持作品稿件内容的个别属性,而是把感觉的材料综合为完整的形象。播音员主持人感觉到的个别特征愈是丰富,对该作品稿件内容的知觉就愈完整。

在播放背景音乐的时候,随着乐曲的特定旋律、节拍,播音员主持人同步用有声语言进行介绍解释,就会增进受众听觉的感受深度。反过来,朗诵柳宗元"欸乃一声山水绿"(《渔翁》)的诗句时,诗句里悠扬的渔歌则使受众翠绿的视觉形象格外鲜明,听觉又增强了视觉感受性。钱锺书在《管锥篇》中说:"寂静之幽深者,每以得声音衬托而愈觉其深;虚空之辽广者,每以有事物点缀而愈见其广。"

2 选择性

其次,审美知觉具有选择性,在播音与主持审美知觉活动中,知觉常常自觉不自觉地选择、感知作品稿件内容的某一属性,把它从背景中突出出来,而抑制对其他属性的反映,这种审美心理过程,就是知觉的选择性。

播音与主持审美知觉不是知识的判断,不是科学的归类,而是透过作品稿件内容的形式达到对它们的情感表现性的把握。只有当播音员主持人看到作品稿件内容中所描写的挺拔险峻的山峰时,立即能够感受到它的狰狞可怕或威严崇高;看到一条潺潺的小溪时,立即感到它的欢快和生机;看到黑云压城的景象时,感到威胁和压抑;看到滔滔东流的大河时,感到岁月的流逝和历史的无情,这些才是播音与主持审美的知觉。播音与主持审美知觉在表面上是迅速地和直觉地完成的,但在它的后面却隐藏着播音员主持人的全部生活经验,包括他的信仰、偏见、记忆、爱好,从而不可避免地有着联想和想象、情感和理解的参与。

感 悟 与 思 考

1. 播音员主持人美感的心理因素及活动过程是怎样的?

2. 为什么说播音与主持审美心理是一个立体的、流动的、联系的、富于过程性的结构?

第四讲

播音员主持人情感活动的心理构成

　　播音与主持情感是指播音员主持人在艺术创作过程中体现于个体的以某种生理感觉为特征的主观体验,并导致心理上的反应。这是一种播音员主持人以自身态度体验,经过理智思考而提炼、加工、升华的高级心理品质。这种心理品质既是播音员主持人创作过程中有准备或即兴的情绪状态的综合体现,也反映出其播音主持的能力。

第一节　播音与主持创作中情感活动的焕发

1　使情感始终处于积极的运动状态

　　播音员主持人的情感体验较之其他心理体验,是一种更高级的心理体验。它是感之于外,受之于心的更积极和更炽热的心理反映。它反映着态度的差异、感受的凝聚,更具外射功能和主观特征。因此,优秀的播音员主持人在播音主持创作的过程中应该使自己的情感始终处于积极的运动状态,与受众和节目内容同呼吸共命运,才能获得同喜共忧、同笑共哭的心理共振和心理契合,才能以作品和节目感染受众、打动受众。

2　播音与主持艺术创作要对受众进行情绪的感染

　　播音与主持艺术创作不仅需要对受众进行有声语言的"刺激",同时需要对受众进行情绪的感染。

播音与主持艺术创作要反映受众的情感思想境界,如果播音员主持人情感世界贫乏、冷漠,就没有办法创作出感人的作品。而情感丰富感受力强才会有较好的知觉效果,在知觉客观事物时才能迅速诱发真实的感受,唤起真挚情感。缺乏情感的播音主持创作注定是失败的创作;缺乏情感的播音员主持人绝不是合格的播音员主持人。这一简单的衡量标准尤其适用于具有鼓动性、说理性、服务性的播音与主持艺术创作。

第二节　播音与主持艺术创作中的情感魅力要素

播音主持艺术创作中的情感魅力要素主要包括真挚、热情、道德感等。

1 真挚是播音与主持艺术创作魅力的前提

亚里士多德说:人们都具有同样的天然倾向,惟有真实的生气或忧愁的人,才能激起人们的愤怒和思考。古罗马诗人贺拉斯将艺术魅力依存于真实这个道理讲的非常生动。他说:一首诗不应以美为满足,还须有魅力,要能按作者愿望左右读者的心灵;你自己先要笑,才能引起别人脸上的笑,同样,你自己得哭,才能在别人脸上引起哭的反映。

原海峡之声广播电台主持人钱锋说:"如果有人问我,生活中最使我感动的是什么? 我会告诉你:'情':亲情、友情、温情……"她认为,丰富的情感体验使她通过播音与主持艺术创作把升华了的真挚情感融入节目之中,从而打动听众。在她采编的一组介绍"北京第一红娘"的星期天特别节目中,主人公命运坎坷,却把个人的痛苦深埋心底,不断地为他人带去幸福和希望。采编中,钱锋敏锐地捕捉到主人公无意间提到的一个情节——在面对别人的不理解和排挤时,主人公都不忘给来找她的失落者留下一个字条"每一次发现都是新感觉,每一次流泪都是头一遭。"于是,钱锋特地在节目的几个关口插播了意味深长的歌曲和诗歌。在叙述这件事时,钱锋说:"史大姐写这句歌词不光是勉励别人的,同时她也是以这种心态面对生活。如果每位对生活失意的人都能唤起这种心态,那生活的质量就会提高,美好的人生还会再现。"由此钱锋把《第一次》这首歌献给了主人公,也献给了那些生活失落的听众朋友们。在这组节目中钱锋还献给主人公一首诗《当你在漫漫旅途与我相逢》及歌曲《好人一生平安》。节目在播出后反响热烈,听众都为主人公的精神和爱心所打动。主人公听了钱锋托人带去的节目录音带大哭一场,为节目主持人能那么深地理解她而感动。

2 热情是播音与主持艺术创作魅力的源泉

黑格尔说:没有热情,世间任何伟大的业绩都不能实现。播音员主持人应该十分注意"热情"这一要素,运用情感的力度去感染、感动受众,充分唤起受众与播音员主持人的"心理共鸣"。在播音与主持艺术创作中,热情是通过播音员主持人的有声语言和非语言信号等表现出来的。

如何在播音与主持艺术创作活动中注入"热情"呢? 这首先取决于播音员主持人对受众的态度,即对受众的兴趣、认知态度。中国有句老话:"精诚所至,金石为开。"心理学家亚得洛认为:对别人不感兴趣的人,生活中困难最大,对别人的损害也最大。

原中央电视台节目主持人倪萍之所以赢得观众的喜爱,有人说是因为她美丽,有人说是她的笑容,也有人说是她的质朴,还有人说是她的"泥土味"。其实,这些说法归根结底是指倪萍对待受众的态度。倪萍曾说:"收看我们这个节目的观众达 4 亿~5 亿。那么多眼睛盯着我。万一出点错,我会懊悔一辈子。"

3 道德感是播音与主持艺术创作中的社会性情感

道德感是关于播音员主持人行为、举止、思想、意图等是否符合社会道德行为准则而产生的情感体验。播音员主持人的道德感应包括:

(1) 对祖国的自豪感和尊严感

有一年,上海电视台节目主持人叶惠贤作为中国电视节目主持人代表团的一员访问美国洛杉矶。期间,他用一天半的时间拍摄完成了两集《今夜星辰》。这种难以想象的速度让赵忠祥都赞叹"真是一个能人。"但叶惠贤却深有感触地说:"是中国的改革开放、是上海在美国人心目中的地位,使我们顺利进园拍摄,而且对我们不收分文,免费拍摄。"这就是对祖国自豪感的由衷感慨。

我国电视节目主持人代表团在美国广播公司（ABC）访问座谈时，彼得·詹宁斯就申办奥运会的情况说："我昨天得到一个信息，说中国代表团团长表示，如得不到申办权，将抵制亚特兰大奥运会。这说明中国没有信心。"当时代表团已出国一周，不清楚我国申奥委代表在摩纳哥是如何表态的，但从常识上判断，我国不可能公开表示抵制亚特兰大奥运会。赵忠祥回答说："一个严肃负责的新闻机构报道新闻是要核实的，不知詹宁斯先生的新闻来源是哪里？据我知道的信息，我们中国这次申办奥运，是有希望的。中国这次如能申办成功，将对世界人民作出贡献，对我们国家的经济发展也将是一个很大的推动，世界应该给我们这次机会。"对于赵忠祥的质问，詹宁斯无言以答。在与詹宁斯的交锋中，赵忠祥等人维护了祖国的尊严。

(2) 对本职工作的自信心、敬业精神和责任感

"自信"是播音主持艺术创作主体心理状态的理想模式之一。原北京广播学院祁芃教授在《播音心理学》中阐述了这一观点——"凡在广播电视中被广大受众认可并爱戴的播音员或主持人他们都有着自信、自如、自觉的共同点：对自己所办节目的宣传宗旨明晰在心，头脑清醒，精神集中，对节目的内容具有独特的感受，深刻的领会，对制作节目的方式方法胸有成竹，能巧用己长，充满信心，声清气爽，控纵自如，动脑动心。"

人们认为上海电视台的节目主持人叶惠贤是电视节目主持人中最具有自信的主持人之一。叶惠贤自己也说："没有自信，就不能摆脱镜头前的紧张感，就不能获得主持的松弛感，主持起节目来，也就谈不上从容不迫、潇洒自如，更何来的即兴？"

播音员主持人的自信是建立在自身实力能力的基础之上的。专业技术水平高，心理素质好，成功经验的积累，在通常情况下会对心态起着决定的作用，表现为充满自信，即使出了差错也没有负担。

自信还取决于播音员主持人的主观努力程度。有备，才能自信。充分的案头准备，对节目内容、稿件内容的理解、感受、把握，播音主持表达方式、表达技巧的深思熟虑等等都有赖于播音员主持人的主观努力程度。主观努力程度越高，越能建立自信心。有了自信，就能心绪镇静、神态自若、思维敏

捷、记忆准确，就能使自己的神经系统的兴奋与抑制过程处于最佳状态。播音主持时，就能收纵自如，给受众以循循善诱，并留下深刻印象。

（3）对受众的理解、友善和歉疚感

播音员主持人成为公众人物后，受众希望从其身上得到许多问题的答案。尽管很多问题大同小异，但播音员主持人也不能不耐心地回答。因为尽管对播音员主持人来说，这些问题可能已经重复过千百次，可是对受众来说是第一次。播音员主持人哪怕表现出一点不耐烦的样子，都会马上使受众失望。人人都有这样的体会，你尊重的人对待你不友善，你马上就会有种失落感，甚至对人生都改变了看法。所以，播音员主持人必须耐心热情友善地对待受众提出的每一个问题。

倪萍说过："我特别理解这些观众。因为我未出名时，也曾给人写过信。我要把这些信看成是送我的礼物，妥善保存着。我不能处理掉，因为这是观众的一颗颗心呀！也许等若干年以后，我不做主持人了，有时间给观众回信了，可那时观众还能记住我吗？这样，我心里就有一种负债感，时间越长，负债感越重。"

感 悟 与 思 考

1. 如何理解：播音员主持人的情感是同社会性的需要、与人的意识紧密地联系着的，因此带有社会历史性？

2. 为什么说播音员主持人的情感较其他心理体验，是一种更高级的心理体验？

3. 怎样理解真挚是播音主持艺术创作魅力的前提？

第五讲

播音与主持审美过程的心理特征

　　播音与主持美感是播音与主持审美对象在播音员主持人头脑中的一种能动的主观反映。播音与主持审美过程是具有复杂性、差异性和特殊性的心理活动,是一种高级的精神享受。

第一节　播音与主持审美心理的复杂性

1 环境对播音主持审美心理的影响

　　环境对播音与主持审美心理与播音与主持艺术创作有着一定的影响。比如,播音与主持艺术风格的成因包括了时代、民族、阶级、地域、媒体、节目与作品稿件等等客观环境的因素。姚喜双教授在《播音风格探》一书中指出:"林如的播音风格是含蓄。50 年代和 60 年代初,她的含蓄中体现出了质朴的特点;10 年动乱过后,她的含蓄中体现出了深沉的特征;改革开放新时期,她的含蓄又透出畅达清新的特征。"这里不难看出,环境的影响对播音主持艺术创作具有重要影响作用。

　　但如果仅仅把播音主持艺术创作当作环境的产物,也是片面的。

　　其一,播音主持艺术创作对特定社会背景的反映和与地理环境的联系不是消极被动的机械摹写,而是积极能动的自由创造。播音员主持人的种种主观因素在播音与主持审美创作中的作用是绝对不容忽视的。如果抹煞这些因素,播音员主持人便不成其为有声语言艺术工作者,而只能是一个玩弄雕虫小技的话语匠人。

其二,把环境差异当作衡量播音主持艺术兴衰的基本尺度是欠妥当的。播音与主持艺术要成为时代的号角,党和人民的喉舌,就必然要与时代精神合拍,与社会实践同步,这是毋庸置疑的。可是,播音与主持艺术价值与播音与主持审美判断的尺度既随着历史的发展而变化,又往往超越时代和区域的界限,从纵深与横向两个方面发生更深远的影响。

2 心境对播音与主持审美心理的烘托

在播音与主持审美过程中,心境往往会在一定程度上影响或左右着播音员主持人的审美情感,起着反衬和烘托的作用。心境的引发和生活的境遇以及由此而造成的性格特征有着密切的关系。因此,不同的播音员主持人对同一作品稿件内容可能产生完全不同的心境,感受对象被染上各不相同的感情色彩;同一播音员主持人在不同的时期对同一事物也可能产生极不相同的心境,犹如感受对象本身发生了根本变化似的。

中央人民广播电台的大批优秀播音员主持人,他们虽然共同工作在一个广播大楼里,却由于各自的境况与性格而表现出各不相同的播音与主持审美情趣与对美的追求和选择。如,20世纪六七十年代齐越的播音创作气势磅礴;夏青的播音创作严谨端庄;林如的播音创作含蓄深沉;铁城的播音创作粗犷酣畅;方明的播音创作潇洒飘逸;葛兰的播音创作明快刚健;王欢的播音创作清新流畅;虹云的播音创作热情爽朗等等。以上不同的播音主持审美风格,正好表现了播音员主持人心灵与气质、境况与心境各不相同的播音主持审美情趣、追求和选择。

心境的烘托,往往使播音与主持审美对象染上播音员主持人的感情色彩,这是一种常见的播音与主持审美心理状态。

3 情趣对播音与主持审美心理的催化作用

情趣是情感作用于兴趣的结果,它主要表现在主体对某种或某项活动的喜爱与追求上。但由于情趣包含着比较复杂的情感倾向,因此它在审美活动过程中又往往起着催化剂的作用。

播音员主持人的情趣所指向的客观事物的具体内容和对象是有差别

的。有的播音员主持人爱好音乐舞蹈,有的播音员主持人爱好集邮收藏,有的播音员主持人爱好体育运动,有的播音员主持人爱好琴棋书画,有的播音员主持人爱好旅游等。即使爱好游览山水,观赏大自然的美,也多因情趣不同各有所爱,所谓"智者乐水,仁者乐山"指的大概就是这个意思。山水本来无知无情,但游览山水的播音员主持人却可以同样是游山,有的生"望峰息心"之念,有的抒"横空出世"之情;同样是观水有的兴"逝者如斯"之叹,有的励"浪遏飞舟"之志。如果把大自然对情操的陶冶、志趣的培养和气质的锻炼等提升到一个哲理性的高度,就一定会造就出善于领略大自然真情美趣,对生活抱积极、乐观、进取态度的审美的播音员主持人来。

情趣可以因人而异,但它的内容却总是播音与主持审美活动中不可缺少的一部分。情趣不是天生的,播音与主持审美情趣只能在美的创造与欣赏过程中培养出来。

情趣对审美意识的催化作用不容忽视,但它的培养绝没有先验论的地位。俗话说"少年爱绮丽,壮年爱豪放,中年爱简练,老年爱淡远",这里说的虽然是由于年龄的差别而对诗作各有不同的审美要求,但如果考虑到年龄的差别往往影响到播音员主持人情趣的变化,那么这些不同的要求就绝不是与情趣毫无关系的孤立现象了。

当然,播音员主持人的审美情趣往往是多方面的。正如生活本身一样,播音与主持审美活动中既有激越的旋律,也有舒缓的节奏,既有巍巍群峰般的雄伟壮观,又有清泉流水似的田园风光。气势雄浑,豪情奔放固然是一种壮美,清新流畅、甜美含蓄又何尝不是一种优美?无论是大度庄重,形象生动,还是活泼新鲜、晓畅自然,都是由于情趣的催化作用使然,都能给受众以独特的审美享受。

不言而喻,正确的世界观对情趣的发生、发展有着决定性的影响。但是,情趣对播音与主持审美意识的催化作用却往往是不知不觉的,有时甚至是很难捉摸的,却决不是不可知的。为什么有的播音员主持人自身条件很优越,徒有一副好嗓子或俊靓形象,却无耀人的播音主持艺术创作佳绩而一再陷入"恨铁不成钢"的窘境?为什么有的播音员主持人高等学校毕业,正值风华正茂、气壮情佳的峥嵘岁月,却在高大粗壮或婀娜多姿躯体内生存着一个经不起沧桑变幻、欲海沉浮考验的灵魂,而让生活的涛波摧毁了坚强的意志？这除了没有以正确的世界观作思想指导外,恐怕同缺乏高尚的情操、美好的情趣和优良的气质等不无关系。

情趣对播音主持审美心理的催化作用,对播音主持艺术创作活动的潜在影响,决不可等闲视之。

第二节 播音与主持审美心理的多样性

1 阶级、阶层差异对播音与主持审美心理的影响和制约

审美差异在不同阶级、阶层中比比皆是。鲁迅先生一段经常被人们引证的话更是最好的注释。他说:"自然,'喜怒哀乐、人之情也',然而穷人决无开交易所折本的懊恼,煤油大王哪会知道北京捡煤渣老婆子身受的酸辛,饥区的灾民大约总不去种兰花像阔人老太爷一样,贾府上的焦大,也不爱林妹妹的。"(《鲁迅全集》)

由于播音主持工作具有广播电视的新闻属性,广播电视是传播和体现阶级意志的工具,是党的喉舌,所以,播音员主持人的审美要求和审美理想,必然受到一定的物质生活条件所产生的一定阶级、阶层的影响和制约。

凡是有成就、有贡献,经得起时间考验的优秀播音员主持人,他们的播音主持艺术创作无不体现出"我们的播音是谨严的(主要是政治上的严肃以及由此而来的正派、认真、工整等等)、乐观的(大国风度的、坚定的、充满信心的、说理的)和爱憎分明的(战斗性的、鲜明的、感情饱满的等等)"(《梅益谈广播电视》),无不在其播音与主持艺术创作中通过先进的审美理想与审美情趣去鼓舞人民,推动社会进步。

2 时代差异对播音与主持审美心理的影响和制约

播音与主持艺术是时代的艺术,时代对播音与主持审美心理的影响和制约,较之对其他艺术的影响更为明显。

不同时代的政治、经济形势、人类的实践活动、社会思潮、价值观念、审美追求,都会对播音与主持审美心理产生强烈的影响,因此,播音员主持人的审美心理也决不会永远停留在同一个水平,它必然随着时代的发展而形

成不同的播音与主持审美观念和理想,不断地创造出更新颖、更丰富多彩的播音与主持艺术作品来。当然,社会历史的进步不可能直线上升,播音与主持审美心理的发展有时也会由于这种或那种原因而出现暂时倒退的现象,这是不足为奇的,但其总的趋势则必然表现为螺旋式上升的前进运动。

战争年代,延安、陕北台的播音员直接参加了当时人民革命和人民解放的战争,他们是在宣传战线上战胜敌人的战斗员,生活和工作是紧张、愉快,充满战斗气氛的。所以,他们的播音主持审美感受不可能是花前月下、小桥流水亦或是"采菊东篱下,悠然见南下"的,而只能是"骂起敌人来义正词严,讲起我们的胜利又很能鼓舞人心",体现出爱憎分明、昂扬刚健、气势磅礴的播音主持审美心理。和平建设时期的播音与主持审美感受又因热火朝天、欣欣向荣的社会主义建设而表现出朴实坚定、自然流畅的审美要求。文革时期的大轰大嗡又使得播音员主持人的审美向着"高、平、空、冷、僵、远"方向转变。改革开放新时期,播音与主持审美心理逐渐形成亲切活泼,清新明快的播音与主持艺术总体风格。

不同的时代有不同的播音与主持审美心理和审美理想,不受时代差异影响和制约的播音与主持审美心理是不存在的。西方某些人热衷推崇的"为艺术而艺术",使艺术与社会和人生完全断绝关系,把艺术禁锢于超然物外,纯粹表现自我的象牙塔之中,实际上是根本办不到的,是自欺欺人的。

播音与主持艺术创作的总任务概括来讲就是结合新时期新形势,密切联系实际,以适当的方式,准确鲜明生动地宣传党的新时期总任务,为党的中心工作服务,鼓励受众奋发向上,表现国家、民族、社会的进步。可是,现在有人竟毫无原则地热衷于播音与主持艺术创作要"与国际接轨"。甚至还有人认为西方国家大众传播是"不带有政治色彩""不问政治,只讲艺术"的。

我国老一辈播音艺术大师齐越在一次谈话中说:"我一直主张播音员首先是党的新闻工作者,然后才是语言艺术工作者。世界上没有只管语言艺术而不问政治的播音员。有人说,这是一种理想主义,不合时宜。在我数十年的播音生涯中最深刻的体会就是,只有政治性、艺术性都很强的播音作品,才能获得广大听众的喜爱。"(《齐越播音工作四十周年庆祝会上的讲话》)上海人民广播电台播音艺术家陈醇在其从事播音工作五十年学术研讨会上说："我是党培养的一名普通播音员。社会主义事业的进展为我的成长开辟了广阔的天地,广播电视事业的发展为我的成才创造了良好的机缘。"很难想象一个满脑袋民族虚无主义,对祖国只会抱怨、挖苦、挑剔甚至不满的播音员主持人,能够创作出爱国主义优秀播音主持艺术作品来。

3 民族差异对播音与主持审美心理的影响和制约

任何一个民族都具有语言、地域、经济生活以及文化、心理等方面的共同性,这使它与其他民族之间显示出各不相同的特点来。这些特点在审美意识上所形成民族之间的差异是客观存在着的。

一个民族有一个民族的文化传统,也就有其独特的审美心理,正是在这片不同的文化传统与审美心理的土壤中生发、繁衍出富有民族特色的艺术之花。

中华民族有着自己的优秀文化传统,这些传统的形成与民族审美心理的发展同步前进,互为影响。中华民族是一个勤劳智慧、勇敢、顽强、坚定、自信、豪迈、含蓄、细腻的民族,体现在播音与主持审美要求上是一脉相承的。

看来,如何根据中华民族的审美心理运用本民族独特的播音与主持艺术创作形式和手法,在播音与主持作品中反映现实生活,使它具有民族精神,民族性格,民族特色,民族气派和民族风格,为广大受众所喜闻乐见,确实是播音与主持艺术民族化的成熟标志之一。

第三节　播音与主持审美心理的特殊性

1 想象在播音与主持审美心理中的作用

想象在播音与主持艺术创作中是播音员主持人对作品稿件内容进行再创作的基本手段之一。播音员主持人在播音与主持创作中都要"思接千载""视通万里",翱翔于想象的广宇之间。叙事论理、寄寓情趣、典型概括、揭示真谛,无一能离开想象。

为什么那些缺乏艺术想象力的播音主持作品总是令人感到乏味呢？这恐怕是播音员主持人把受众审美欣赏的能动性和丰富性估计过低的缘故。平叙直述、一览无余、毫无含蓄可言的播音与主持作品之所以引不起受众的审美兴趣，根本原因就在于播音员主持人对受众的主观审美条件缺乏应有的尊重，以致把实中有虚、虚中有实、虚实结合、寓实于虚、寓显于隐等有声语言艺术表现规律抛在一旁，把本来不必和盘托出的东西讲尽说绝，不给受众的想象活动留有余地，使受众不能从这样的播音与主持作品中引起更多的联想和想象，得不到有补充又有所发现的审美享受。这无疑是播音与主持审美创造中一大忌讳。

不仅播音主持审美创造需要想象，播音主持审美欣赏也同样需要想象。一件好的播音与艺术作品，它的成功往往在于能巧妙地创造出引起受众艺术想象的诱发物，使受众能够比较自由地展开想象的翅膀，获得像外之意、言外之意的艺术效果。

播音员主持人个人阅历与社会经验在头脑中存储得越多、越丰富，他的想象和联想的思维性能就越广泛、越深刻。播音员主持人必须学习社会、深入生活、开阔视野、博闻强记，在平时的观察、体验、分析、积累中提高自己对作品设身处地、触景生情的能力。想象越是深深根植于现实生活之中，它的意义和作用也就越具有审美的价值。

2 移情在播音与主持审美心理中的作用

在前面一节里，在论述播音主持审美情感时，我们曾介绍过，在感知和想象活动的推动下，情感往往会"移入"到审美对象的表象中去的现象，即是所谓移情。

在播音与主持审美过程中，情感的表现是一种动力性的因素。播音员主持人的审美过程，实际上就是播音员主持人对作品稿件内容的情感交流，互生共鸣的精神感知过程。这种"交流"和"共鸣"如果发生在播音员主持人与描绘中的自然事物之间，就会形成播音主持审美过程中的移情现象。

其实，在播音与主持艺术创作中很早就有人注意到"移情"现象。我们所见播音与主持理论中的"触景生情""借景抒情""寓情于景""情景交融"等等,其实就是播音员主持人传神于物、迁想抒怀而从描绘的景物中领悟出感情,使人与物共感共鸣的意思。

在播音与主持艺术创作中,这种化景物为情思,使自然景物染上感情色彩的描绘是极为常见的现象。

用来烘托人物形象的景物描写,如:

> "当一轮红日从东方升起,巍然的井架披上金色霞光的时候,井场上一片繁忙。"(通讯《铁人王进喜》);

用来烘托人物情思的歌曲描写,如:

> "最近听到一首歌,我听见人唱了两次:《那就是我》。歌声像湖上的微风吹过我的心上,我的心随着它回到了我的童年,回到了我的家乡。"(散文《愿化泥土》);

用来烘托消息色彩的景物描写,如:

> "鼓乐声声,彩带飘舞"。(消息《东华门儿童剧场原地翻建》)

用来深化主题,引导受众思想感情升华的景物描写,如:

> "春日,登临塔山最高处,远眺莫干全景,但见绿海深处,掩映着数不尽的飞瀑流泉,峰岩洞壑,楼阁飞檐。再看看那些忙着护笋养竹、挖坑植树的人们,不禁使人激情满怀,思绪万千,是啊,绿色是美好的象征,人们热爱一切美好的事物,更不能不衷心感谢那些美好事物的创造者!"(通讯《夹道万竿成绿海》)

用来烘托人物情思的花树、鸟禽、山水、日月、风雨等景物的描写就更多了,如:

> "哗——哗——,松涛声传过来,又传过去,他睡不着,脑海里像被那不尽的松涛卷起了波澜,思绪万千""书堂山的山泉长流不断,马金锁用滴滴心血浇灌着山村新一代的棵棵幼苗"。

随着我们对审美过程的心理特征的深入研究,移情现象越来越多地引起播音与主持业界的关注和重视,这是可喜的现象。

3 距离在播音与主持审美心理中的作用

到各地探险、游历的人，无论是古代的徐霞客，还是当今历尽艰险攀登万丈悬崖的登山者，都有虽置身于高山之巅、险境之中，却百折不回，忘记了自身的安危而被眼前的奇妙景象所陶醉，仿佛遗世独立，享尽丝毫不受人间沧桑、世态炎凉所困扰的安逸静谧的感受。这种游心物外、纯然无杂的审美态度就是人们司空见惯的"心理距离"对审美活动的实际作用。

播音主持审美距离的作用是不容忽视的，我们应该把它看作是播音与主持艺术实践中的一条重要审美经验。

首先，我们可以进一步通过审美距离说来解释心理共鸣的引发因素。马克思曾经讲到："忧心忡忡的穷人甚至对最美丽的景色都无动于衷；贩卖矿物的商人只看到矿物的商业价值，而看不到矿物的美和特性，他没有矿物学的感觉。"（马克思《1844年经济学——哲学手稿》）与鲁迅曾说过的"饥区的灾民，大约总不去种兰花"可谓异曲同工。为什么会出现这种情况，除了阶级性因素之外，恐怕与审美心理距离的"过或不及"不无一定的关系。一位曾经在解放战争时期率领解放军进军大西南的老将军，站在当年浴血战斗过的秦岭山上，感慨万千地说，那时挥师南下，猛追猛打，只觉得这秦岭到处是悬崖隘路、险山恶水，而今登秦岭却是满目奇峰秀岭、林深树密、鸟语花香、美不胜收的感受。在炮火连天硝烟弥漫的战争年代，老将军绝不会有与和平年代相类似的审美环境与审美欣赏，也就不会产生心理上的共鸣了。

再则，尊重心理距离的审美功能，是播音与主持艺术创作与播音与主持审美欣赏的重要条件之一。以实用代替播音与主持审美，或以私欲取代播音与主持审美，都会抹煞或削弱播音与主持美感的产生与发展。播音员主持人经过艰苦的基本功磨炼、认真细致的稿件准备，创作出语言规范，声音圆润，语流畅达；内容完整，层次清楚，转换自如；状态积极，感情丰富，基调恰当；反应锐敏，应答妥贴，交流真诚；仪态大方，举止文雅，表情自然，准确、鲜明、生动的播音主持作品来，不仅给受众提供了大量信息，同时给予了受众审美享受。

感 悟 与 思 考

1. 如何理解播音主持审美是充满着复杂性、差异性和特殊性的心理活动,是一种高级的精神享受?

2. 阶级、阶层差异对播音主持审美心理的影响和制约是怎样的?

3. 如何理解想象在播音主持艺术创作中的作用?

第六讲

播音与主持创作心理现象

第一节　摆脱创作中"自我否定"的心理困境

在播音与主持创作过程中"自我否定"的心理现象,是影响播音员主持人发挥潜能的主要障碍之一。

有些播音员主持人在艺术创作中遇到几次困难或遭受几次挫折之后,就认为自己不能胜任播音主持工作,或者不能胜任某种体裁形式的播音主持创作。一旦产生了这种想法,这些播音员主持人就会倾向于放弃努力,因为他们认为努力是徒劳的。正是这种想法使他们陷入了自我否定的困境。

有些播音员主持人常常会低估自己的能力,特别是在沮丧消沉的时候。他们往往将一些微不足道的语言障碍或技巧障碍看作不可逾越的藩篱。将一些普通的创作挫折,甚至稳步的进展都认作是彻底失败的迹象。许多被认为自己不能胜任的节目,实际上是完全可以创作好的。他们的"自我否定"是阻碍他们创作好节目的最大障碍。

播音员主持人怎样摆脱自我否定的困境? 具体而言,有以下几种方法:

1 努力强化可能改变局面的自我意识

播音员主持人必须认识到自己是有可能控制局面变化的。有时,播音员主持人感到无助或沮丧时,也必须鼓励自己,或被别人拖着投入创作状态。

2 来自同行的鼓励、暗示

除了自我努力，如果能有同行给他们某些鼓励，稍微给些暗示，推上一把，或者把他们"拖出来"，也是有益的。有时仅靠某位受人尊敬的播音与主持前辈的一句话——"你是能控制自己创作好这个节目的"，就足以产生自我控制的效果。一旦认识到"只要愿意就能控制局面或掌握某种自我控制的方法"，精神上就基本摆脱了自我否定的困境。

3 从事某种转移注意力的活动

播音员主持人在播音与主持创作中自感无能时，需要花一点时间来捕捉自己的感觉，集中自己的思想，分辨现实与虚幻。此时，帮助别人或要求和接受别人帮助，常常使自己感到兴奋。这也是从事某种转移注意力活动的理想时刻。把注意力转向其他活动，会得到暂时的缓解，使心情有所好转，从而振奋精神，重新面对现实，或者对它采取新的看法。

第二节　创作中音量、语速、语调的变化与受众心理效应

音量、语速、语调是播音与主持语言表达的重要表现手段，有时在表达情感方面的意义甚至超过语言本身。

有心理学家做过一个实验，让四男四女受试者通过朗读若干英文字母表达愤怒、害怕、高兴、妒忌、难受、紧张、骄傲、悲伤、满足、同情等十种感情，然后由30名评判者来分析。实验结果证明，通过没有实在内容的声音形式，也可以沟通情感。据说意大利有一位演员，他在台上用悲切的语调"朗诵"阿拉伯数字时，坐在台下的观众居然听得潸然泪下。

受众常常是根据播音员主持人的有声语言创作手段，来评价一个播音员主持人的品质的。有人曾用录音带来研究语言的速度和音调对发音者知觉的影响。如在一项研究中让被试者听一段录音，录音在内容上没有区别，但在语速或音调上经过不同处理。结果发现，音调高的人被认为是小个子、软弱、不诚实、比较神经质；说话慢的人被认为冷漠、被动、不太可靠；而正常音调和速度则被认为安静、痛快、有说服力。

可见播音员主持人在播音与主持创作中能否准确运用音量、速度、语调等表达手段是一个很重要的问题,它可能是播音员主持人成功的钥匙,也可能是播音与主持创作失败的"煞星"。

1 音量

就播音与主持的音量而言,受众最喜欢的是明朗醇厚的中等偏高音量。当然,在播音与主持创作中有时也需要播音员主持人提高音量或降低音量,但无论提高还是降低音量都要求自然,否则受众可能会认为播音员主持人在"虚张声势"。

2 语速

广播电视的传播方式决定了播音员主持人的有声语言表达与受众的收听和理解是同步进行的。如果播音与主持语速过慢,音节音素之间的间隔时间过长,受众长时间没有听到声音,注意力就会涣散;而如果传播信息的速度过快,受众就会感到紧张,容易产生听觉疲倦,也会形成注意力涣散。

尽管我国广播电视新闻播音速度在过去几十年中不断加快,2000 年以来央视《新闻联播》的语速为每分钟 250～270 字,但对于这一现象,学界和业界却存在争议。主流观点强调要根据受众定位、稿件内容、节目风格等因素把握合适的语速。就受众定位而言,不同方言区、不同民族、不同年龄和不同文化层次的受众在听觉和识别能力上都有差异,播音主持语速要从受众的生理、心理特点出发,不可随意而定。就稿件内容而言,用于表达急切、震怒、兴奋、激昂等情绪时,可以选择快一些的语速;用于表达沉郁、沮丧、悲哀、思索等情感时,应该使用慢一些的语速;一般性叙述,用语可快一些;涉及阐述性语言,语速可慢一些,便于受众理解和记忆。

3 语调

就播音与主持的语调而言,它是播音与主持创作中不可缺少的"调料",是在具体感情支配下具体语句的声音形式。

语调以句子为单位,它的表现是多种多样的。苏联时期的教育家马卡连柯说过："只有学会用 15～20 种声调来说'到这里来'的时候……我就变成一个真正有技巧的人。"

第三节　创作中停顿的变化与受众心理效应

停顿是思想感情运动状态的继续和延伸,而不是思想感情的终止、中断和空白。恰到好处的停顿,能够起到"此时无声胜有声"的作用。

播音与主持创作中的停顿,有时主要表现为心理性质的。停顿表达思想感情的组织、区分、转折、呼应、回味、想象等作用,都表现了停顿的动人、感人的心理效应。

心理性质的停顿与语法停顿、逻辑停顿既有联系又有区别不同。它主要服从心理情绪而非语言表达的需要。它所形成的语言间隔,从形式上看是外部语言的沉默,从实质上看是内部语言的活化。在停顿的片刻,受众的思想、想象、情感好像长了翅膀,异常活跃,这就是停顿的心理效应。

心理性质的停顿有一个特点,就是停顿时间的长短不定,但总的说来比语法停顿、逻辑停顿稍长。语法停顿、逻辑停顿常常表现为生理上的停顿,停顿的时值不明显,甚至使人觉察不出来。而心理停顿是有意识安排的,受众很容易察觉,甚至明显地感到它的心理效应。

心理性停顿有如下一些作用:

1 给播音员主持人和受众整理思路、体会情感的时间

心理停顿能缓解语速与感知、思维速度的矛盾。涉及阐述性的问题过多时,心理性停顿就给予受众思维、回味的机会,播音员主持人也可以利用这个间隙整理一下思路。

> "王胜明的母亲把装有儿子骨灰的红布袋紧紧地抱在怀里,又深情地贴在自己的脸颊上,悲痛的泪水在刷刷地流落着。她把一捧捧骨灰撒入奔腾的河水中,抽泣地说:'儿啊,你走吧……'"《血泪情怀》

播讲到这里需要有一个长的停顿,受众会与播音员主持人一起思考,一起激动,一起回味,会认为播音员主持人在说自己的话。如果这里没有停顿,

接连说下去,产生的情感效果肯定会微弱得多。如果此时播讲得太流利,受众就可能认为播音员主持人不是在说一件事情,而是在背诵一件事情。

2 体现设问和暗示的作用

当播音员主持人提出一个问题,要求嘉宾、受众回答或者暗示嘉宾、受众思维时,停顿是很必要的。如果播音员主持人总是机械地自问自答,就失去了设问或暗示的意义,受众刚刚就播音员主持人的问题萌发了一点念头便被打断了,他们就会认为播音员主持人是在"做戏"。

3 引起受众的好奇、注意

心理性停顿能够使受众产生悬念,急于知道内容的下文,因为突然的停顿是节奏的变化,而"变化"是最容易引起注意和好奇的。心理性停顿还能使播音员主持人有机会观察受众的反映。不过,这只是一种副产品,播音员主持人不能仅仅为了观察受众的反映而中断播讲。

第四节 播音员主持人的个性特征与受众期待

心理学家斯特鲁进行过一个有趣的实验:向被试者呈现一系列颜色块,如红、蓝、黄、绿等,要求按顺序尽快地大声朗读所看到的颜色;然后再按顺序呈现出表示这些颜色的词语,也要求尽快地大声朗读出来。从实验结果看,被试者完成这两项任务并不困难,所用的时间也差不多。但在进行下一项任务时,结果却出现了戏剧性的变化。研究者向被试者呈现一些表示颜色的词语,这些词语是用不同颜色的墨水书写,书写每一个词的墨水与词所表达的颜色不一致,如"红"一词是用黄色墨水书写的,"黄"一词则用黑色墨水书写,要求被试者尽快大声朗读所标志的词,甚至结结巴巴地读不下去,常常停顿,靠思维的帮助才能继续读下去。这就是"斯特鲁效应",它是由不和谐的刺激造成的。

受众对播音员主持人所担当的不同角色,有不同的"角色期待",如果播音员主持人缺乏这方面的"角色意识",就容易出现"角色混同"现象。比如,你是在对受众播送新闻,而你却在态度和行为方式上表现出"怯生生、嗲声嗲气"或者"凶巴巴、宛如训人",这样的角色意识,你的受众怎能不感到别扭呢。前者让人怀疑你报道的事实的真实性,后者则让人产生距离感、排斥感,受众感到"别扭"就是对你角色定位的不认同。

播音员主持人的性别、气质、年龄、相貌等在播音与主持艺术创作中具有不同的"角色认同",它涉及播音与主持内容和形式对播音员主持人的选择,如果这种选择忽视了性别、气质、年龄、相貌等的差异,就可能出现"斯特鲁效应"。

例如,受众对不同性别的主持人可能存在刻板印象,如认为男性播音员主持人风格应该重阳刚,而认为女性播音员主持人风格应该重阴柔。这并不是要求女性播音员主持人在播音主持艺术创作中不要"刚",男性播音员主持人在播音主持艺术创作中不能"柔"。任何播音与主持艺术创作都应该是"刚柔相济",但不同性别有不同特征,让一位相貌温柔、体态婀娜的女性播音员主持人在镜头中表达恢弘主题,就很难得到受众的角色认同。而在气质上,具有外向特征的气质更适合于"阳刚"风格,具有内向特征的人就不适宜"拍案而起"。在播音与主持艺术创作中,播音员主持人应该"凝视"自己的性别和气质等,发挥不同的优势,而不要盲目地模仿别人的风格,压抑自我或者故作姿态,只有保持自我,才能保持播音与主持艺术创作的整体和谐。

感悟与思考

1. 如何理解在播音主持创作过程中"自感无能"是影响播音主持人员发挥潜能的主要障碍之一?

2. 在播音主持创作过程中如何有效地使用"背景音乐"?

3. 为什么说播音员主持人在播音主持创作中运用音量、速度、语调等表达手段是一个很重要的问题?

4. 为什么说播音主持创作中的停顿,有时主要表现为心理性质的?

5. 如何理解受众对播音员主持人"角色期待"?

第七讲

播音员主持人的心理训练

　　播音主持人员心理训练的步骤,应该是按照一定的顺序排列的。前面的训练步骤为后续训练打基础,但也可以不按顺序,单独进行训练。但一般情况下,播音主持人员应该尽可能全面地进行心理技能训练,以实现最佳化的心理控制。

　　心理技能的训练应当有耐心,并做到持之以恒。不应当期望通过短时、简单练习,就一定能使自己的播音主持创作水平有很大的提高,而应随着心理技能的不断完善,最终获得最佳播音主持心理状态。

第一节　放松训练

1 学会放松

　　播音与主持创作的"流畅感"产生于肌体轻松自如的状态。掌握放松技能有助于克服播音与主持艺术创作中出现的太激动、太焦虑或太紧张的状态,有助于控制、保持播音员主持人适度松紧的精神与肌肉。此外,放松技能也是想象训练、集中注意力训练、控制紧张训练等其他心理训练的基础。放松训练,不仅帮助播音员主持人减少播音与主持艺术创作过程中的激动、焦虑、紧张,而且有助于消除播音与主持艺术创作以后的激动、焦虑、紧张并改善睡眠。

　　清楚了解自己紧张时的状态表现和应激模式是控制焦虑的第一步。每个播音员主持人在应激现象开始时的身体反应都是不同的。有些人感到颈部或肩部紧张,这种状态不利于发声器官的运动;也有人感到腿部颤抖,心率猛增,掌心、腋窝出汗,脑袋疼痛等等。

实现"放松"的办法不是唯一的,凡是能使个体控制焦虑的方法均可以使用。例如,播音员主持人可以把注意力集中于放松身体不同部位肌肉,如从脚趾开始依次放松腿、臀、背、肩、颈、脸和头部其他器官;也可以集中注意呼吸,先努力去意识空气进入胸腹部,然后伴随每次呼吸尽力放松全身;也可以想象自己置身于非常放松的场景中;还可以哼哼歌曲或听听音乐等。

播音员主持人一旦熟悉了各种放松方法和步骤,就会使"放松"带上个人的色彩,对个人产生最好的功效。当自己开始感到紧张时,只要想起几个简单提示词,如"放松""安静"等,自己的焦虑水平几乎能立即降低。

2 循序放松训练

放松训练的诀窍是,首先要学会体会肌肉紧张时的感觉。这个阶段的训练内容包括:先注意体会收缩肌肉群的感觉;再放松肌肉群,注意体会相反的感觉。

坚持每天进行一次,练习时间应持续20—30分钟;练习时要选择一个安静而不受干扰的地方进行,可以选择晚间睡眠前,采取仰卧、闭眼,保持平静、缓慢,不要急躁。

每收缩一组肌群的时间为5—8秒,但要注意不要过多地计较时间的多寡而分散了自己的意念。做法是先使肌肉紧张,注意体会紧张感,感觉到肌肉产生的紧张,然后放松:

(1) 先以一侧手用力握拳开始,体会紧张感;放松,体会放松感;重复3~5次。

(2) 对侧手用力握拳,体会紧张感;放松,体会放松感;重复3~5次。

(3) 屈曲右前臂,收缩肱二头肌,放松;重复3~5次。

(4) 屈曲左前臂,收缩肱二头肌,放松;重复3~5次。

(5) 蹙眉,收缩前额肌肉,放松;重复3~5次。

(6) 咬紧牙,放松;重复3~5次。

(7) 耸肩,收缩肩带肌,放松;重复3~5次。

(8) 深吸气,屏气保持;缓慢呼气,体会放松感;重复3~5次。

（9）收缩腹部肌肉，放松；重复 3～5 次。

（10）绷脚尖，伸踝关节并保持紧张，放松；重复 3～5 次。

（11）缓慢腹式深呼吸，向腹部压气，使腹鼓胀起；缓慢呼气，使腹部凹陷；重复 3～5 次。

（12）重复深呼吸三次，将注意力集中于整个呼吸过程（此种方法也称"意守"）。

（13）一组放松训练结束，恢复到正常呼吸状态。

3 提示语放松训练

经过"循序放松训练"，便可进入"提示语放松训练"。要求放松的时间为 5—10 分钟，并继续运用将注意力集中于呼吸的方法。此阶段训练也要找一个安静的环境，仰卧，闭目。

用提示语来唤起放松感觉，并让这种感觉迅速传遍全身，方法如下：

（1）将注意力集中于呼吸，深呼吸三次。

（2）在呼吸和放松过程中想象和默念几遍"我是松弛而且放松的"，以起到"提示"作用。

（3）对自己说"放松"或"镇静""放开""松弛"等，让那种平静的放松感传遍全身。

提示语放松训练可在安静处训练后再到普通（有嘈杂因素的）环境中去训练。开始时可能需要好几分钟才能获得完全放松的感觉。但最后目标应该是能在几秒钟内引起放松反应。

尽力做到能在坐、站、走、跑、说话、乘车，以及在家、工作、开会甚至播音与主持艺术创作等场合，用提示语来启动放松过程。

如吸气——呼气——用提示语对自己说"放松"——"放松"——"放松"……。然后扫描全身，寻找紧张部位：肩部放松了吗？下颌放松了吗？声带放松了吗？口腔肌肉群放松了吗？这些部位常是需要检查的地方。

第二节　控制紧张情绪的训练

播音与主持艺术创作中紧张情绪表现在许多方面。例如，播音与主持艺术创作前情绪过于兴奋；在思想上对节目内容看得过重；因环境喧闹、杂念干扰等无关事情而使精神分散；播音与主持艺术创作开始后思想仍难以集中；感觉局促不安；特别是做早班的播音员主持人出现失眠；很容易对某些播音与主持内容产生恐惧；容易出现烦躁或不安等。

1 防止紧张的训练

（1）掌握放松训练技能。

（2）播音与主持创作过程中，经常注意在容易出现高度紧张时，运用集中注意力放松训练技能。

（3）养成习惯，随时发现身上出现的紧张征兆，并使自己始终处于放松状态（例如在去演播室的路上；备稿时；观摩其他播音员主持人播音与主持时；播音与主持创作开始前等）。

一旦发现自己出现了"紧张征兆"，应立即运用注意力放松技能，消除紧张。

2 控制紧张的训练

（1）掌握放松训练的技能。

（2）学习识别紧张的征兆，及早采用放松方法，防止紧张加剧，以致最后难以控制。

（3）如果出现意外情况，自己处于紧张状态时，可采取下列方法：

① 缓和身体状态或身体活动，通过散步或做些缓慢的活动缓和紧张；减慢播音主持速度。调整节奏，避免以激动的语调播音主持。

② 重新集中思想和注意力，排除外界事件及与他人接触干扰，如不要接听电话、短信；检查整理一下稿件顺序；想一想稿件内容怎样衔接等。通过这种方式将自己的思想从外界干扰和压力中转移开。

③ 深呼吸（也就是重复"意守"练习）：将注意力集中于呼吸，保持数秒；呼气、收腹。

④ 双手放松，双肩自然放松下垂，同时做"气泡音"，将注意力集中于声带放松上。

⑤ 要注意自己的身体正在平静下来，呼吸开始变得深沉而且轻松，肌肉

正在放松,声带开始松弛……自己又恢复了自我控制。

第三节　自我调节

1 心理训练：建立成功感

播音员主持人要在内心深处建立起成功感。要能记住自己取得成功的那次播音与主持时的感觉,捕捉住这种感觉并控制住这种感觉：

（1）回忆起自己有过成功感的一次播音与主持创作经历,并想清楚这种成功感觉出现的时间(可能是在播音主持创作前,也可能在开始备稿时出现)。

（2）做一些集中注意力并放松的练习。

（3）然后再重新回想那次有成功感的播音与主持创作。要让自己充分放开思想去回忆那次播音与主持创作的整个过程,将注意力集中到取得成功感的各个细节上面。

2 身体训练：提高兴奋性

需要区别的是：如果因为没有睡好或劳累而感觉的疲倦,只有经过休息之后才能消失。如果是心理上的"感觉不振",则可以采取下列步骤去克服：

（1）使身体"兴奋"的方法

① 音乐——某些音乐可以使精神和身体兴奋起来。

② 问题——思考某些问题,如节目的设置及稿件内容或本期节目的重要性等,从而使自己兴奋起来。

③ 目标——重温自己的目标,如"要赢得受众""保持状态"等。有助于机体的动员。

④ 活动——做一些活动,如伸展运动、口腔肌肉运动;或到室外走一走,到演播室走一走;准备一下稿件顺序;调整一下坐椅、话筒、灯光;自己对自己谈话等,促使机体的动员。

(2) 使身体达到巅峰状态的训练方法

播音员主持人最好的身体训练是游泳、跑步、俯卧撑、仰卧起坐、乒乓球、跳绳等。

播音员主持人兴奋水平过低时,可采取下列方法调整:

① 交替紧张和放松肩部、上下肢;

② 做些轻松的跳跃和转身运动;

③ 用螺旋音发声;

④ 念"绕口令";

⑤ 按顺序重复以上四种练习,直到身体与心理动员水平均达到最佳状态。

(3) 调节过高兴奋水平的方法

① 通过集中思想达到放松和安静。

② 回忆自己有过的平静、舒适的经历,想象自己又处于那种经历和状态中,直到自我感觉从心理上和身体上都达到最佳状态。

第四节　集中注意力练习

集中注意力是指精神集中。注意力不集中表现在许多方面,因此必须找出自己应当在哪些方面引起注意。

1 控制注意力训练

有些时候,注意力不能集中是因为注意力被吸引到了其他方面。如有些播音员主持人的注意力很容易被周围发生的事情所吸引,他们会注意到受众的喧哗声、演播室外的响声,录音、录像室里的人员流动、灯光或摄像人员的操作及响动;也有很容易将注意力转移到对播的播音员主持人身上去。总之,他们很难将注意力集中于稿件内容或话题内容上。如果属于这种情况,可以按照下面的步骤练习控制和引导自己的注意力:

(1) 播音员主持人进入演播场地时,可以先浏览一下周围的情景,看一看室内外的环境、设备、人员情况,环视一下在场的受众,熟悉一下周围的声音、色彩等。

（2）然后将注意力集中于眼前的话筒、稿纸、台标、摆设或场内前排受众，并迅速寻找一下最醒目的颜色。

（3）再将注意力转到稿件上来，注意一下稿件上字体的大小和颜色。

（4）再将注意力缩小到稿件第一行字或第一句话上，看是否还能辨别出字体的颜色。

（5）最后将注意力集中到稿件内容上，直至只注意到将要播出的内容。做三次深呼吸，以便将注意力完全集中于稿件上。

（6）放松练习并对将要播出的节目内容进行简要的心理演练。

如果播音主持创作中再次分散了注意力，可按以下步骤进行：

（1）放慢说话的速度；

（2）将注意力集中于呼吸并放松。

2 克服其他影响注意力的障碍

（1）播音员主持人处于紧张状态时，可通过控制紧张的练习克服。

（2）播音员主持人感觉心烦意乱时，可以先安静下来，然后采用集中注意力于呼吸并放松的方法。

（3）别人给你造成心理压力时，应当更加坚定自己的信心。

（4）自己很容易产生消极思想时，可采用调动积极情绪的方法。

（5）播音员主持人身体感觉疲劳时，可以通过重新获得精神上的兴奋感或增加精神力量来解决，如可以通过思考一个问题来提高兴奋感。

（6）注意力松弛下来时，可选择某一物体，将思想集中在上面，从而提高注意力，然后迅速转移到播音主持创作上来。

感 悟 与 思 考

1. 如何进行控制紧张情绪的训练？

2. 播音员主持人如何在内心深处建立起成功感？

参考书目

《鲁迅全集》鲁迅著(人民文学出版社 1981 年 12 月第 1 版)

《青年美学知识(讲座)》上海社会科学院哲学研究所美学研究室编(上海社会科学院出版社 1985 年 3 月第 1 版)

《播音创作基础》张颂著(北京广播学院出版社 1985 年 9 月第 1 版)

《播音发声学》徐恒著(北京广播学院出版社 1985 年 9 月第 1 版)

《寄语青年播音员》齐越著(北京广播学院出版社 1986 年版)

《新闻播音理论与实践》陆茜著(北京广播学院出版社 1987 年 8 月第 1 版)

《苏联功勋播音员》齐越著(北京广播学院出版社 1988 年 7 月第 1 版)

《现代管理心理学——论组织中的个体、同事和团体》哈罗德·J·莱维特著、方展画译(1988 年 6 月第 1 版)

《播音学简明教程》吴郁(北京广播学院出版社 1988 年 10 月第 1 版)

《美学与艺术讲演录续编》蒋冰海、林同华编(上海人民出版社 1989 年第 1 版)

《播音文体业务理论》毕征主编(北京广播学院出版社 1989 年 8 月第 1 版)

《简明军事百科手册》军事科学院王辅一主编(军事科学出版社 1989 年 11 月第 1 版)

《论播音艺术》张颂、乔石著(北京广播学院出版社 1990 年 5 月第 1 版)

《播音艺术基础》卢杉、晓澄编著(上海教育出版社 1990 年 7 月第 1 版)

《播音朗诵演讲》石雨编著(吉林文史出版社 1990 年 10 月第 1 版)

《时代的明星——漫谈电视节目主持人》徐德仁、施天权著(复旦大学出版社 1990 年 12 月第 1 版)

《在范蓉时间里》范蓉编著(中国广播电视出版社 1990 年 12 月第 1 版)

《论节目主持人》壮春雨著(北京广播学院出版社 1991 年 3 月第 1 版)

《节目主持人概论》陆锡初著(北京广播学院出版社 1991 年 4 月第 1 版)

《播音风格探》姚喜双著(中国文联出版公司 1992 年 6 月第 1 版)

《播音心理学》卢杉、晓澄编著(上海教育出版社 1993 年 3 月第 1 版)

《播音语言通论——危机与对策》张颂著(北京广播学院出版社 1994 年 2 月第 1 版)

《节目主持人艺术》陆澄照著(上海教育出版社 1995 年 6 月第 1 版)

《主持人 6、7》白谦诚主编(中国广播电视出版社 1997 年 9 月第 1 版)

《节目主持艺术探》吴郁著(北京广播学院出版社 1997 年 9 月第 1 版)

《播音学概论》姚喜双著(北京广播学院出版社 1998 年 5 月第 1 版)

《语言文字规范文件汇编》上海教育出版社编(上海教育出版社 1998 年 5 月第 1 版)

《声音——一个电视人与观众的对话》敬一丹著(华艺出版社 1998 年 7 月第 1 版)

《夏青播音成就研究》陈醇、关山、林田、林如等(《中华新闻报》学术副刊 1998 年 11 月)

《把生命献给祖国——齐越的播音生涯》扬沙林、姚喜双编(中国广播电视出版社 1998 年 12 月第 1 版)

《节目主持艺术通论》陆锡初著(中国广播电视出版社 1998 年 12 月第 1 版)

《电视节目主持人职业素质评价指标体系研究》央视人事办汇编(中国广播电视出版社 1999 年 1 月第 1 版)

《夏青播音语言艺术的美学实践纵横谈》卢杉著(《中国广播》杂志 1999 年 2 月号)

《朗读学》张颂著(北京广播学院出版社 1999 年 2 月第 1 版)

《主持人足迹》壮春雨、吴国田主编(中国广播电视出版社出版 1999 年 2 月第 1 版)

《话筒前》敬一丹著(现代出版社出版 1999 年 2 月第 1 版)

《广播电视语言传播发声艺术概要》李晓华著(中国广播电视出版社 1999 年 6 月第 1 版)

《中国荧屏第一人——沈力》白谦诚主编(中国广播电视出版社 1999 年 6 月

第1版）

《用生命播音的人——忆齐越》扬沙林编著（中国广播电视出版社 1999 年 10
月第 1 版）

《播音主持心理学》祁芃著（中国广播电视出版社 1999 年 10 月第 1 版）

《播音主持艺术（1）》中国广播电视学会播音学研究委员会、北京广播学院播
音主持艺术学院编辑（北京广播学院出版社出版 1999 年 11 月第 1 版）

《主持人的语言艺术》吴郁著（北京广播学院出版社出版 1999 年 11 月第 1 版）

《语言传播文论》张颂著（北京广播学院出版社出版 1999 年 12 月第 1 版）

《方明谈播音》姚喜双、郎小平编著（中国广播电视出版社 2000 年 1 月第 1 版）

《话筒前的人生——著名播音艺术家林如和他的播音生涯》姚喜双、苏海珍
著（中国广播电视出版社出版 2000 年 5 月第 1 版）

《播音创作观念论》付程著（北京广播学院出版社 2000 年 6 月第 1 版）

《广播电视即兴口语表达》鲁景超著（北京广播学院出版社 2000 年 7 月第 1 版）

《别林斯基文学论文选》别林斯基著（上海译林出版社 2000 年 7 月第 1 版）

《广播电视语言艺术——中国广播电视语言传播研究》张颂主编（北京广播
学院出版社 2001 年 7 月第 1 版）

《播音主持艺术新说》曾致著（北京广播学院出版社 2002 年 1 月第 1 版）

《朗读美学》张颂主编（北京广播学院出版社 2002 年 1 月第 1 版）

《相约在北广》姜纳新主编（北京广播学院出版社 2002 年 1 月第 1 版）

《语言传播文论（续集）》张颂（北京广播学院出版社 2002 年 11 月第 1 版）

《主持人的语言艺术》吴郁著（北京广播学院出版社 2002 年 12 月第 1 版）

《主持语言技巧与实践》黄瑛、曾致著（湖南师范大学出版社 2003 年 1 月第
1 版）

《主持人（10）》白谦诚、胡妙德主编（中国广播电视出版社 2003 年 8 月第 1 版）

《永不消逝的声音（二）》北京广播学院播音主持艺术学院编著（北京广播学
院出版社 2003 年 11 月第 1 版）

《永不消逝的声音》北京广播学院播音主持艺术学院编（北京广播学院出版
社 2004 年 1 月第 1 版）

《现场实况——著名主持人访谈录》王莉著（中国友谊出版社 2004 年 1 月第版）

《节目主持能力训练路径》吴郁编著（中国广播电视出版社 2004 年 4 月第 1 版）

《金话筒风采》白谦诚、胡妙德主编(中国国际广播出版社 2004 年 4 月第 1 版)

《主持人的创作艺术》晨光著(吉林大学出版社 2004 年 7 月第 1 版)

《聚焦世界华语播音》李晓华主编(北京广播学院出版社 2004 年 9 月第 1 版)

《播坛长青树》曾志主编(湖南省播音主持研究会印 2004 年 10 月第 1 版)

《世界明星主持人》徐德仁著(复旦大学出版社 2005 年 7 月第 1 版)

《向世界说明中国——赵启正的沟通艺术》赵启正著(新世界出版社 2006 年
    1 月第 1 版)

《语言传播文论(3)》张颂(中国传媒大学出版社 2006 年 2 月第 1 版)

《世界是平的》托马斯·弗里德曼著、何帆等译(湖南科学技术出版社 2006 年
    9 月第 1 版第 1 次)

《峥嵘岁月——见证中国节目主持人 25 年》白谦诚著(中国国际广播出版社
    2006 年 9 月第 1 版)

《电视节目主持人的综合素质研究》吴郁等著(中国广播电视出版社 2007 年
    1 月第 1 版)

《主持艺术》吴洪林著(上海三联书店 2007 年 3 月第 1 版)

《陈醇播音文集》中国广播电视协会播音主持委员会编(中国广播电视出版
    社 2007 年 12 月第 1 版)

《诗歌朗诵艺术》陆澄著(上海人民出版社 2007 年 11 月第 1 版)

《每天学点心理学》丁夫编著(新世界出版社 2008 年 4 月第 1 版)

《打开创意的脑》韦恩·罗特林顿著、刘盈君译(中国市场出版社 2008 年 5 月
    第 1 版)

《每天学点相处学》柯君编著(新世界出版社 2008 年 11 月第 1 版)

《可凡倾听——心灵攻略》栏目组编(上海人民出版社 2009 年 6 月第 1 版)

《中国播音主持文集》中国广播电视协会播音主持委员会编(中国广播电视
    出版社 2009 年 10 月第 1 版)

《2010 年全国节目主持人优秀论文集》白谦诚主编(中国广播电视出版社
    2010 年 12 月第 1 版)

《荧屏 50 年——赵忠祥播音主持艺术回顾》中国电视艺术家协会主持人专业
    委员会编(中国广播电视出版社 2011 年 8 月第 1 版)

《艺术美学教程》王峰主编(华东师范大学出版社 2011 年 11 月第 1 版)

《民声传递民生》秦畅主编(上海文艺出版社 2013 年 1 月第 1 版)

《习近平总书记在文艺工作座谈会上的重要讲话学习读本》中共中央宣传部
　　(学习出版社 2015 年 10 月第 1 版)

《习近平总书记系列重要讲话读本》中共中央宣传部(学习出版社 2016 年 4
　　月第 1 版)

《圣经造就美国》杰瑞·纽科姆著、林牧茵译(复旦大学出版社有限公司 2017
　　年 8 月第 1 版)

《美学》黑格尔著、朱光潜译(北京大学出版社 2017 年 12 月第 1 版)

《自然辩证法》恩格斯著(高等教育出版社 2018 年第一版)

《我们一起走过——纪念上海人民广播 70 周年》江小青主编(上海人民出版
　　社 2019 年 5 月第 1 版)

《论中国共产党历史》习近平(中央文献出本社 2021 年 2 月第 1 版)

《歌德谈话录》艾克曼编(上海译林出版社 2021 年 4 月第 1 版)

《中共中央关于党的百年奋斗重大成就和历史经验的决议》中共中央(人民
　　出版社 2021 年 11 月第 1 版)

图书在版编目(CIP)数据

叩开梦想之门:中国播音主持人文修养论纲/栾洪
金,卢智主编;方舟,白宾副主编. —上海:上海三
联书店,2025.2. —ISBN 978 - 7 - 5426 - 8800 - 2

Ⅰ. G222.2

中国国家版本馆 CIP 数据核字第 20254LW617 号

叩开梦想之门——中国播音主持人文修养论纲

主　　编 / 栾洪金　卢　智

副 主 编 / 方　舟　白　宾

责任编辑 / 王　建　陆雅敏

装帧设计 / 孙一娴

监　　制 / 姚　军

责任校对 / 林佳依

出版发行 / 上海三联书店

　　　　　 (200041)中国上海市静安区威海路 755 号 30 楼

联系电话 / 编辑部:021 - 22895517

　　　　　 发行部:021 - 22895559

印　　刷 / 上海惠敦印务科技有限公司

版　　次 / 2025 年 2 月第 1 版

印　　次 / 2025 年 2 月第 1 次印刷

开　　本 / 710mm×1000mm　1/16

字　　数 / 240 千字

印　　张 / 16

书　　号 / ISBN 978 - 7 - 5426 - 8800 - 2/G·1750

定　　价 / 59.00 元

敬启读者,如发现本书有印装质量问题,请与印刷厂联系 13917066329